Diplomates écrivains du Canada

Des voix nouvelles

P.I.E. Peter Lang

Bruxelles · Bern · Berlin · Frankfurt am Main · New York · Oxford · Wien

Études canadiennes

La collection « Études canadiennes » analyse les multiples facettes de la réalité canadienne dans une perspective pluridisciplinaire. Elle accueille des travaux sur tous les thèmes de recherche en sciences humaines et sociales qui ont pour objet principal le Canada dans son acception la plus large – études littéraires, historiques, sociologiques, politiques, économiques, géographiques, juridiques, médiatiques, muséologiques, etc. – mais elle met également l'accent sur les travaux comparatistes incluant le Canada.

L'une des principales originalités de la collection est d'accueillir le fruit des recherches les plus récentes menées à l'extérieur du Canada. Elle jette ainsi un éclairage significatif et inédit sur les différentes composantes de ce pays, privilégiant le développement d'un dialogue constant et original entre les scientifiques canadiens et la communauté internationale des canadianistes répartis à travers le monde.

Directeur de collection : *Serge* Jaumain
Centre d'études canadiennes
Université libre de Bruxelles (Belgique)

Jean-François DE RAYMOND

Diplomates écrivains du Canada

Des voix nouvelles

Études canadiennes
n° 12

Cet ouvrage bénéficie d'une bourse de recherche en études canadiennes du ministère des Affaires étrangères du Canada.

Toute représentation ou reproduction intégrale ou partielle faite par quelque procédé que ce soit, sans le consentement de l'éditeur ou de ses ayants droit, est illicite. Tous droits réservés.

© P.I.E. PETER LANG s.a.
Éditions scientifiques internationales
Bruxelles, 2007
1 avenue Maurice, B-1050 Bruxelles, Belgique
www.peterlang.com ; info@peterlang.com

ISSN 1781-3867
ISBN 978-90-5201-346-6
D/2007/5678/20

Information bibliographique publiée par « Die Deutsche Bibliothek »

« Die Deutsche Bibliothek » répertorie cette publication dans la « Deutsche Nationalbibliografie » ; les données bibliographiques détaillées sont disponibles sur le site http://dnb.ddb.de.

Table des matières

Remerciements 11

PRÉSENTATION. Naissance d'une tradition 13
    Une activité amphibie 14
    Premiers pas de la diplomatie canadienne 15
    Vers une tradition 18
    Des personnalités inimitables 20
    Diplomates écrivains ou écrivains diplomates 21
    Le rêve et l'action 22

**CHAPITRE I. Philippe Panneton-Ringuet (1895-1960)
ou la liberté d'être soi** 27
    L'œuvre d'une vie 27
    À des hommes différents une terre toujours la même 29
    Le moi profond et l'essence temporelle des choses 31
    Ambassadeur avant la lettre 33

CHAPITRE II. Dana Wilgress (1892-1969) ou la vie de voyage 37
    La promesse des horizons et la carrière de la vie 38
    Projeté en Sibérie 40
    La révolution bolchevique 41
    Vers la Mongolie… taillé à chaux et à sable 43
    Chine, Japon et retour 44
    De la Russie à l'URSS 47
    Retour aux sources 49
    À distance 50
    Témoin des guerres, acteur des fondations 51
    Analyste prospectif 52
    Les échanges, facteurs de paix 55

**CHAPITRE III. Jean Bruchési (1901-1979)
ou la culture de la représentation** 57
    Attaches et références du Canadien français 58
    Le Canada et la culture nationale 59
    Nouveau diplomate : information et représentation 60
    La réalité canadienne : naissance d'une personnalité 63

**CHAPITRE IV. Marcel Cadieux (1915-1981)
ou le Service et les deux nostalgies** 67
    Pionnier de la Carrière 68
    La Guerre et la Libération : de Londres à Paris 69
    L'identité canadienne 71
    Nomade en partance : l'attache et l'escale 73
    Écarts et parentés 74
    Le centre et l'enracinement 76
    Une émergence historique 77
    Nationalisme et internationalisme 78
    Le choix des diplomates 79
    Le diplomate canadien 80

**CHAPITRE V. Robert Choquette (1905-1991)
ou le roman de la vie** 83
    Un diplomate culturel 84
    Dickens ou Daudet canadien.
    Une poétique de l'aventure humaine 85
    Une épopée : la mer toujours recommencée,
    l'amour toujours naissant 87
    Le Canada et la personnalité du Canadien 89
    Les contes et le Sens 91
    Une double reconnaissance 91

**CHAPITRE VI. Charles Ritchie (1906-1995)
ou l'observateur engagé** 95
    Le Journal intime du diplomate : une double vie 96
    What are you ? 98
    L'entrée dans la Carrière 100
    Devant la guerre : le réel et l'irréel 102
    What is a Canadian ? 105
    Le « cirque » de San Francisco 107
    Désillusions et espérance 110
    Paris retrouvé 111
    Un caractère. Le jeu de l'ambassadeur 113
    Au cœur des Nations Unies 115
    Apologie du diplomate : action et pensée 115
    Depuis les États-Unis : un regard extérieur 118
    L'écho des collaborateurs 120
    Londres familier 121
    Ultimes rencontres : la Reine ; Pierre-Elliott Trudeau 122
    La diplomatie et son évolution 124

**CHAPITRE VII. Douglas Valentine LePan (1914-1998)
et les éclats de la mémoire** 133
    Diplomatie économique et création poétique 134
    Le kaléidoscope de la mémoire : l'économie de l'imaginaire 136
    Un être partagé 138
    Lord Keynes, T.S. Eliot, le général Naughton,
    le Plan Colombo 139
    Une fraîcheur métaphysique 141

**CHAPITRE VIII. Robert Arthur Douglass Ford (1915-1998),
*Our Man in Moscow*** 145
    Parcours occidental et retour à l'Est 146
    L'URSS figée et le dégel par la culture 148
    La génération Gorbatchev 150
    Partagés entre deux mondes 151
    Une poésie cosmique 153

Bibliographie 161

Remerciements

Nous témoignons notre reconnaissance à l'ambassade du Canada en France, et spécialement à :

Hélène Halatcheff, chargée des relations publiques ; Orietta Doucet-Mugnier, Service des relations universitaires ; Louise Dowling, bibliothécaire du Centre culturel canadien à Paris.

Nous remercions également :

Thomas De Koninck, MSRC, professeur à l'Université Laval ; Greg Donaghy, historien, ministère des Affaires étrangères et du commerce international, Ottawa ; Christine Hantusch, professeur de civilisation britannique à la Chambre de commerce de Paris ; Robert Nahuet, des Archives nationales du Canada ; Vanessa Nuzzo, ingénieure agronome ; Gilles Paradis, conservateur de la bibliothèque de l'Université Laval ; Louis Perret, doyen émérite de la Faculté de Droit à l'Université d'Ottawa ; Étienne Tiffou, MSRC, professeur émérite à l'Université de Montréal ; et d'abord Maryvonne, à qui ma reconnaissance demeure ineffable.

Enfin notre gratitude pour les illustrations s'adresse à :

Greg Donaghy, ministère des Affaires étrangères du Canada, Jean Panneton, Supérieur du Séminaire de Trois-Rivière, George de Zwaan et Ryan Touhey, la Bibliothèque et les Archives nationales du Canada.

Présentation

Naissance d'une tradition

Cette présentation de diplomates écrivains du Canada vise à éclairer une réalité qui n'est pas encore suffisamment reconnue et n'a pas suscité d'études spécifiques. Pourtant la désignation de « diplomates écrivains » renvoie au constat général d'un fait de culture que précise le rappel de figures historiques et de textes classiques. L'histoire de la diplomatie de nombreux pays en témoigne : en France en particulier grâce aux figures de Joachim du Bellay, Pierre Chanut, Stendhal, Chateaubriand, Alexis de Tocqueville, Arthur de Gobineau, Paul Claudel, Saint-John Perse, Giraudoux, Paul Morand, Romain Gary, etc. sans même citer des contemporains publiant des œuvres littéraires ou des études[1]. Mais si la France s'est particulièrement illustrée dans ce qu'on peut désigner comme une tradition, elle n'en a pas le monopole. D'autres pays y ont contribué avec panache, des cités d'Italie à la Grèce, de l'Amérique latine au Royaume-Uni, par exemple, et on se souviendra des conseils formulés par Cicéron à l'usage de l'*Orator* – comme sera désigné l'ambassadeur – dont l'esprit se répète au long des siècles dans les « Traités de l'ambassadeur » qu'évoque Marcel Cadieux[2] dans *Le Diplomate canadien*. Toutefois lorsque de hautes figures de la diplomatie et de la politique, qui furent des écrivains, reviennent à la mémoire comme les acteurs d'une pratique tissant des liens d'inspiration et d'expression entre la création et l'action, tels Ulysse aux multiples techniques, on reste certes fasciné par leur fécondité ou leur savoir-faire mais on ne reconnaît pas toujours la parenté entre leurs activités. Notre

---

[1] Voir Pierre-Jean Rémy, avec la participation de Yvon Roé d'Albert, Monique Constant, Isabelle Richefort, Florence Le Corre, *Trésors et secrets du Quai d'Orsay*, J.C. Lattès, Paris, 2001. L'auteur du présent ouvrage a publié des éditions critiques de correspondances diplomatiques : *La Grèce de Gobineau, ministre de l'empereur à Athènes* (1864-1868), Les Belles Lettres, Paris, 1985. *Arthur de Gobineau et le Brésil* (1869-1870), Presses de l'Université de Grenoble, 1990. *Le royaume de Suède Norvège au tournant de deux règnes* (1872-1877), éd. J. Touzot, Paris, 1994, et une présentation de *Pierre Chanut ami de Descartes. Un diplomate philosophe*, Beauchesne, Paris, 1999. Voir aussi *Art, philosophie, diplomatie*, sous la direction de Jean-François de Raymond et Maryvonne Saison, Presses de l'Université Paris X-Nanterre, 2007.

[2] Cf. chapitre IV.

intérêt pour cette rencontre et notre attachement au Canada nous ont conduit à chercher dans son histoire des témoignages vivants de cette pratique – apparemment universelle – liée à la nature de la diplomatie, et à nous demander s'ils constituent une « tradition ».

Une activité amphibie

Sans justifier ici des critères de définition de cette activité étonnante, véritablement amphibie : littéraire et diplomatique, on constate qu'elle tient à la fois à la logique de l'écriture ainsi qu'aux exigences de l'action, et à sa nature anthropologique car l'action se donne ses propres motifs et l'esprit cherche le sens de l'action. La diplomatie, dans ses fonctions d'information, de négociation, de représentation, expose par l'écriture les événements et le compte rendu de l'action effectuée, les projets en vue desquels on demande à son Centre des instructions et on expose des scénarios possibles pour l'action, les propositions aux interlocuteurs, les réponses à leurs paroles et les réactions à leurs actes. Cet art de la présentation, voire de la représentation, est un exercice permanent ; en diplomatie, tout commence et tout s'achève par l'écriture. Elle objective ce qui est inscrit, offre la possibilité de la correction dans le processus de rédaction des dépêches et des télégrammes, pour traduire l'intention dans sa précision et ses nuances. La nature de l'activité diplomatique, à l'étranger ou au ministère, impose que tout texte ou toute déclaration qui engage le poste ou le centre, soient examinés dans le détail ; il subit des amendements successifs depuis sa rédaction première. Les jeunes diplomates se familiarisaient autrefois avec le style des dépêches en recopiant celles de leurs prédécesseurs et le style de bien des candidats diplomates tint un rôle essentiel dans leur recrutement – ce fut le cas notamment de Lamartine, Gobineau, Giraudoux, etc. Les ministres des Affaires étrangères eux-mêmes, par exemple Chateaubriand, ne manquèrent pas d'en rappeler les règles. Cela atteste le lien de parenté naturel entre l'exercice littéraire et l'activité diplomatique, et souligne l'exigence de la qualité de l'écriture pour l'auteur et le rédacteur de tout texte. La diplomatie constitue ainsi en elle-même un apprentissage permanent de l'écriture.

Mais l'existence de diplomates auteurs d'une œuvre personnelle apparaît comme un paradoxe qui trouve son sens dans la double vie, prescrite à l'agent en service et rêvée par le créateur. De plus, à l'inverse de l'écrivain, dont l'intention est orientée vers la publication la plus large possible de son œuvre, le diplomate évite que ses écrits soient diffusés au-delà du centre du pouvoir auquel il rend compte, et de destinataires choisis. Il chiffre ses messages pour rendre inaccessible l'expression de sa pensée pour ceux à qui elle n'est pas destinée, de

Présentation. Naissance d'une tradition

même qu'il s'accoutume à déchiffrer ce qui lui est exposé. Les diplomates écrivains résolvent par l'alternative et la succession cette contradiction entre l'action et la création, adoptant la discrétion ou la publicité selon les circonstances, s'exerçant à la concision, cette politesse du verbe, pour les communications professionnelles, en conservant les sentiments pour les mémoires et les poèmes. C'est que l'activité intime de l'écriture ignore les limitations qu'imposent la dépêche et surtout le télégramme en excluant l'abondance des images, les couleurs de l'exotisme, le mythe, l'humour ou l'ironie, la poésie inspirée des horizons nouveaux et des rencontres. Le sentiment de l'universel vécu dans l'analogie de situations, de temps et de cultures pourtant différents ne leur est jamais étranger. C'est pourquoi la connaissance de ces observateurs et de ces acteurs de l'évolution du monde, dans leur fonction de diplomate et leur activité de créateur, concourt à la fois à la compréhension de la culture et de la politique du pays où ils servent, dont ils révèlent des traits permanents, et à celle de leur œuvre, car la même personnalité agit comme représentant de son pays, s'informe, observe, suggère, négocie, prépare des accords, et en même temps écrit des souvenirs, des fictions ou des poèmes.

Premiers pas de la diplomatie canadienne

Cette logique justifie déjà la recherche des modalités selon lesquelles le Canada participe à la tradition des diplomates écrivains. Elle conduit à retrouver la nature et l'histoire de la diplomatie au Canada pour y découvrir ceux qui l'ont illustrée le plus notablement comme diplomates écrivains, et la manière dont la création progressive de sa diplomatie est concomitante de la constitution de son autonomie. En même temps, l'histoire de la formation du Service diplomatique retentit dans la réflexion des diplomates canadiens sur la reconnaissance de l'entité à laquelle ils appartiennent et qu'ils incarnent en contribuant précisément à la définir. L'affirmation de l'autonomie du Canada, cet enjeu majeur, comme principe et comme objectif qu'ils évoquent dans leur correspondance, leurs journaux intimes, désigne le sens de leur action. Une progressive évolution durant un siècle, à partir de la Confédération (1867), marque l'avancée de cette affirmation par rapport au Royaume-Uni, puissance protectrice, et le rapprochement contrôlé des États-Unis voisins. Dans la seconde partie du XIXe siècle, des décisions successives dans des domaines particuliers infléchissent l'histoire du Canada comme entité politique à travers diverses nécessités et grâce à l'action continuée de ses responsables politiques. Ainsi après le retrait des armées britanniques et l'adoption du principe du libre-échange, le pays établit des relations économiques extérieures avec les États-Unis et la « loi d'autorisation » britannique de 1846 lui permit de fixer ses propres tarifs douaniers en mettant fin au régime de faveur réservé à la Grande-Bretagne. Mais pour ses relations extérieures le Canada dépend encore du Royaume-Uni qui représente ses intérêts à l'étranger. Or l'immensité du territoire et son éloignement favorisent d'autant moins sa connaissance par les agents britanniques, que les questions concernant l'économie et l'immigration s'avèrent essentielles pour le pays qui doit faire connaître ses produits à l'étranger, trouver des marchés et attirer des colons. C'est pourquoi il ouvrit en 1868, à Londres, un bureau de l'immigration avec qui pouvait communiquer le gouvernement britannique. En même temps, certaines affaires économiques et consulaires concernant par exemple le transport maritime ou des questions douanières, étaient traitées par des consuls représentant des pays étrangers au Canada ; ainsi une entente fut conclue entre le Canada et la France en 1863[3].

Toutefois le problème de fond demeurait et « il ne fallait surtout pas laisser croire que les colonies aspiraient au statut diplomatique », comme le formule John Hilliker dans *Le ministère des Affaires extérieures du Canada*[4]. En effet, les affaires de politique étrangère du Canada n'étaient pas admises comme telles mais elles relevaient du *Foreign Office*, selon la loi constitutionnelle de 1867. Il fallait donc que l'idée de l'autonomie du Canada en matière internationale s'affirmât en se conciliant avec l'association avec le Royaume-Uni. Progressivement le Canada traita ces questions de façon technique, en faisant admettre à l'étranger des représentants sectoriels pour répondre à ses besoins ; ainsi des affaires économiques qui relevaient aussi des relations internationales, comme l'exercice du droit de pêche, par exemple, avec les États-Unis, furent traitées par les ministres concernés. Le gouvernement libéral d'Alexander Mackenzie négocie en 1873 avec les États-Unis et avec la France sans consulter Londres ; l'agent canadien à Londres devint commissaire financier pour le Canada. En 1879, on envisage d'y nommer un « ministre résident », doté d'un statut « presque diplomatique » ; l'année suivante un haut-commissariat est créé, chargé de l'immigration – il se trouve en relation avec le représentant du gouvernement du Québec à Paris, Hector Fabre[5], ancien journaliste et sénateur – dans le même temps, des représentants du Canada siégèrent, ès quali-

---

[3] Fondée sur le traité commercial franco-anglais de 1860. Cf. P. Savard, *Le Consulat général de France à Québec et à Montréal de 1859 à 1914*, Québec, 1970.

[4] Cf. Hilliker, *Le ministère des Affaires extérieures du Canada*, I, p. 7 pour cet historique. Les analyses de Cadieux, Bruchési et Ritchie le confirment.

[5] Hector Fabre (1834-1910) journaliste et écrivain, fut le premier représentant en France de la province de Québec, puis « agent pour le Dominion », Commissaire du Canada, sans statut diplomatique.

tés, à des conférences internationales sur plusieurs problèmes techniques : questions monétaires, communications par câbles sous-marins. Ce représentant eut à préparer un accord franco-canadien sur les relations tarifaires, qui fut signé par la France et la Grande-Bretagne pour la forme puis par le haut-commissaire du Canada à Londres et l'ambassadeur de Grande-Bretagne Lord Dufferin, avant d'être sanctionné par le parlement canadien. Cela créait un précédent en faveur du droit pour le Canada de négocier des ententes, même sous couvert de la diplomatie britannique. En 1896, le Premier ministre libéral Wilfrid Laurier poursuivit dans le même sens, affirmant que le Canada était dans « son droit de revendiquer le pouvoir de conclure des traités et que ce pouvoir devrait lui être accordé ». Ainsi, peu à peu, on assiste, au dernier quart du XIXe siècle, à « l'accroissement des pouvoirs du Canada dans le domaine des affaires extérieures »[6].

Le ministère des Affaires extérieures sera ainsi créé en 1909. Il s'agissait d'abord de rassembler les dossiers des relations internationales du Canada dans un département « qui serait chargé de toutes les affaires quasi diplomatiques » – ce qui lançait la logique de la création d'une structure gouvernementale. W. Laurier expliqua le projet par des considérations administratives : « Nous avons atteint, comme Nation, un développement tel qu'il nous faut établir un département spécial chargé d'étudier ces questions ». On discuta le statut du futur ministère, s'il devait relever du Premier ministre ou s'il appartenait aux divers ministères de traiter leurs questions internationales. Mais on admit que les affaires de diplomatie demandent une habitude et un savoir-faire particuliers et que nul n'y est compétent s'il « ne peut être imprégné de l'atmosphère du Département, s'il n'y a pas grandi en se familiarisant avec le travail et l'histoire de cette administration »[7]. Le troisième article du projet de loi, en février 1909, stipulait : « Le secrétaire d'État aux Affaires extérieures est chargé de la direction de tout ce qui concerne les affaires extérieures du Dominion, y compris la conduite et la direction des négociations internationales et intercoloniales » présentant ainsi ouvertement l'objectif d'affirmer l'autonomie du Canada dans les affaires internationales. Le 2 juin 1909, Joseph Pope fut nommé sous-secrétaire d'État aux Affaires extérieures avec un personnel prévu de trois à cinq personnes. La portée de cette création nouvelle ne passa pas inaperçue – le consul général de France à Montréal, Joseph de Loynes, le comprit comme un signe de l'« indépendance diplomatique » du

---

[6] Hilliker, *op. cit.*, I, p. 15, 29.
[7] Comme l'expose Hilliker, *op. cit.*, p. 43, 351.

Canada[8]. On allait vers le droit du Canada à négocier les traités directement avec des partenaires, et par conséquent à sa reconnaissance internationale.

À travers les alternances politiques, la logique de la position de l'autonomie du Canada se confirma. Après le retour des conservateurs en 1911, Robert Borden fit attribuer en 1912 au Premier ministre la responsabilité des Affaires extérieures. En 1914, le ministre déménage pour des locaux plus identifiés, avec une dizaine d'agents – il en aura quatorze en 1914. Lorsqu'en 1917, une conférence internationale sur la guerre réunit à Londres les Premiers ministres des dominions, dont le Premier ministre du Canada, ès qualité, avec les ministres britanniques, le mouvement allait vers « la pleine reconnaissance des dominions en tant que nations autonomes d'un Commonwealth impérial »[9]. À la Conférence de la paix à Paris, le Canada définit « en grande partie » sa position sur la solution du conflit. Puis il fut représenté à Genève en 1920 à la création de la SDN dont le sénateur Raoul Dandurand présida l'assemblée en 1925-1926[10]. Ensuite à la Conférence impériale de 1926, apparut l'idée du Commonwealth regroupant des dominions indépendants tout en étant associés avec la Grande-Bretagne. En 1930 les premières missions diplomatiques du Canada étaient ouvertes à Londres, Paris, Washington, Genève et Tokyo. Après la guerre, le ministère des Affaires extérieures trouva sa pleine taille et sa maturité ; elle ne faisait que refléter celle du Canada et la place qu'il tenait dorénavant dans le monde, dans les crises qu'il aidait à dénouer et dans la conduite de sa diplomatie.

Vers une tradition

Or l'existence du Service diplomatique propre au Canada n'est pas suffisante pour la constitution d'une tradition de diplomates écrivains qui exige l'intérêt personnel, la motivation profonde et la permanence de

---

[8] *Op. cit.*, I, p. 45. Lors de ses premières années le Service – né avec un budget de 13 530 $, avec deux agents et quatre autres auprès de Sir Joseph Pope – était installé au-dessus de la boutique d'un barbier sur Bank Street. Vingt ans plus tard, les premières missions diplomatiques étaient ouvertes à Londres, Paris, Washington, Genève, Tokyo ; le ministère s'était transféré dans le gothique victorien de East Block – en 1964, il comptera 81 postes à l'étranger et un personnel de 2 285 agents.

[9] Hilliker, *op. cit.*, p. 80.

[10] Raoul Dandurand (1861-1942) délégué du Canada à la SDN en 1924 et 1927, fut élu en 1925 Président de l'Assemblée de la SDN. Cf. Marcel Hamelin, *Mémoires du Sénateur Dandurand*, Presses de l'Université Laval, Québec, 1967 et cf. Jean-Yves Grenon, « Raoul Dandurand, pionnier de la diplomatie canadienne », *in* revue *Cap-aux-Diamants*, Québec, hiver 1990.

Présentation. Naissance d'une tradition

la créativité de ces personnalités. C'est bien ce que manifestent l'ample culture dont témoignent les lectures de chacun, évoquées dans les Mémoires et les correspondances de ces agents, leurs œuvres de fiction et de poésie, leurs souvenirs et leurs réflexions sur les relations internationales, attestant à la fois leur enthousiasme à servir leur pays et leur passion pour les cultures étrangères. Ils montrent tous une grande ouverture d'esprit, essentielle pour comprendre l'Autre, condition de l'aptitude à aborder toute question dans les situations imprévues. Dans le même temps, leurs origines culturelles et leurs références sont variées : non seulement les mondes anglophone et francophone avec leurs images, leurs mythes, leur « personnalité de base », mais aussi la diversité de leurs formations littéraire, juridique, historique, de science politique et économique favorisent la fécondité de l'ensemble. Ces auteurs – créateurs de fictions, poètes ou mémorialistes – nourrissent des réflexions à partir de leur sensibilité et de leurs relations mutuelles sur le statut de la diplomatie au Canada et sur l'identité canadienne. Ils affinent, à partir de leur expérience exceptionnelle, le sens de cette question omniprésente, confortant par leurs analyses autant que par leur activité, l'institution à laquelle ils appartiennent dans sa volonté d'exprimer ce qu'elle représente. Ainsi Anglophones et Francophones de la Carrière ou nommés de l'extérieur, si divers entre eux comme Bruchési, Cadieux, Choquette, Ritchie, attestent à travers les traits spécifiques de la société dont ils proviennent, le partage des constantes qui les rassemblent : ils se reconnaissent dénués de l'arrogance qui les heurte chez les autres, pacifiques – non pacifistes – et humanistes, compétents dans leur mission, ouverts à l'international, tous créateurs de la continuité d'une lignée sans avoir à prouver une appartenance. Ils confirment les principes énoncés le 13 janvier 1947 à l'Université de Toronto par le Premier ministre Saint-Laurent, qui fondent la politique internationale du Canada : « l'unité nationale, la liberté politique, le respect de la loi, les valeurs de la civilisation chrétienne et surtout, l'acceptation de responsabilités internationales »[11]. La continuité de la présence active de telles personnalités dans la diplomatie canadienne s'atteste au long du XXe siècle et non pas seulement à des moments favorisés par des conjonctures particulières ou commandés par des nécessités extrinsèques. La libéralité du « département » – le ministère des relations exté-

---

[11] Hilliker, *op. cit.* II, p. 30. Cet esprit sera conforté par l'action de personnalités comme Lester-B. Pearson, dont plusieurs diplomates présentés ici évoquent la haute figure. L.-B. Pearson (1897-1972), ambassadeur, ministre, président du Conseil de l'OTAN, président de la 7e Assemblée générale de l'ONU en 1953, prix Nobel de la paix en 1957, Premier ministre en 1963, auteur de plusieurs ouvrages sur la diplomatie et la paix ainsi que de Mémoires.

rieures – qui reconnaît les œuvres de ces écrivains, inscrit leur présence dans la continuité administrative, politique et culturelle.

Des personnalités inimitables

Ces traits et ces qualités sont illustrés de diverses manières par les personnalités présentées ici. Ces diplomates écrivains ne sortent pas d'un même moule – école de diplomatie, « ENA » ou « ENAP » ; ils ne sont pas entrés dans la carrière par la même voie, au même âge, à partir d'un statut professionnel analogue, et ils n'y ont pas tracé le même parcours. Mais si leurs origines linguistiques, culturelles, sociales respectives, et leur créativité investie dans des genres divers les éloignent les uns des autres comme des monades isolées, elles se retrouvent dans leur appartenance au service du Canada. C'est pourquoi d'une part, la présentation chronologique de leur succession facilite la compréhension de leur œuvre et de la manière dont elles participent, chacune dans son rôle, à la construction du pays ; il ne s'agit pas d'autre part, d'isoler un groupe pour des raisons d'origine et d'attachement qui tiennent néanmoins un rôle en enrichissant cette mosaïque, mais d'en éclairer l'unité.

Ainsi Philippe Panneton, médecin qui, sous son pseudonyme littéraire Ringuet, maintint vivante la liberté d'être soi ; Dana Wilgress qui connut la vie de voyage d'un continent à l'autre, témoin de bouleversements du monde, au rythme de multiples affectations ; Jean Bruchési, diplomate avant la lettre, qui accomplissait son activité de présentation avec tout l'art d'un commentateur de la culture francophone ; Marcel Cadieux, auteur de conseils aux futurs diplomates, dont le ton si juste du voyageur nomade replace la joie de la découverte dans l'esprit du Service qu'il explicita ; Robert Choquette, dont la renommée littéraire se confond avec le roman de la vie, qui diffusa l'image du Canada avec celle de son œuvre ; Charles Ritchie ou l'observateur engagé dont le trait d'esprit et la saisie instantanée des êtres rythme le Journal cultivé d'une réflexion en éveil ; D.V. Lepan dont les éclats de mémoire et la sensibilité aux êtres confortent l'historien de la littérature anglaise devenu économiste au service du pays ; Robert A.D. Ford, *Our Man in Moscow*, dont l'analyse lucide de la situation de l'URSS et l'observation des personnes renforcent l'inspiration du poète. L'hétérogénéité de ces personnalités dont l'origine et la création littéraire dessinent des sphères indépendantes, se retrouve dans la mission qu'elles exercent : comme représentants du Canada à l'étranger en période de paix, en temps de guerre ou de révolution, dans des instances multilatérales ou dans des missions d'information et de représentation culturelle.

Diplomates écrivains ou écrivains diplomates

On désignerait comme « diplomates écrivains » les hauts fonctionnaires de carrière entrés par concours ou recrutés selon les besoins du ministère qui suivirent une voie professionnelle classique en participant aux responsabilités des relations internationales au plus haut niveau, poursuivant en même temps une activité d'écriture littéraire ou d'analyse, déclarée ou intime, publiée simultanément ou réservée pour une période ultérieure. C'est le cas des diplomates de carrière Wilgress, Cadieux, Ritchie ou Ford, et même de LePan, universitaire et poète venu à la diplomatie où il remplit pleinement des missions économiques et politiques avant de retourner à l'université. Une majorité d'anglophones se retrouve dans le Service qui fut constitué à partir de la référence britannique.

D'autres s'avèrent plutôt des « écrivains diplomates » provenant de diverses origines professionnelles : de la médecine comme Panneton ; du journalisme à la littérature, à l'écriture patentée, comme Robert Choquette, qui furent envoyés dans des missions diplomatiques pour y remplir essentiellement une fonction d'information sur le Canada. Ils en dessinent l'image de modernité dans des conférences et ils représentent eux-mêmes leur pays par le rayonnement de leur œuvre dans les milieux culturels, mais sans connaître vraiment la vie de voyage rythmée par des affectations successives dont le renouvellement caractérise celle du diplomate professionnel. Un administrateur francophone issu de la fonction publique du Québec, Jean Bruchési, déjà connu pour ses travaux d'histoire, eut accès à deux ambassades successives où l'introduisit sa vaste culture davantage que sa pratique des négociations politiques comme ses collègues du « département ».

La structure du réseau diplomatique du Canada, qui se crée au long du XXe siècle à partir de postes-clés et la personnalité des agents qui y servent, a rapproché plusieurs d'entre eux dans les mêmes postes parmi les plus importants : en Russie (Wilgress, Ford), au Haut-commissariat à Londres (Cadieux, Ritchie, Ford, LePan), à Washington, à Paris, également dans le multilatéral : à l'ONU, à l'OTAN, à la Communauté européenne. On a désigné comme les « mandarins » du Service, entre les années 1930 et 1950, des hauts fonctionnaires qui se retrouvaient ou se succédaient dans ces emplois et dont les avis reconnus pour leur compétence et leur sagesse comptaient auprès des ministres. Souvent liés par une proximité depuis leurs études dans les grandes universités, par leur ample culture, leur attachement commun au Service et des liens d'amitié – parmi eux Ritchie, LePan, Ford – ils constituaient comme

« une élite du mérite » pour qui « l'aptitude était la clé, la capacité une nécessité »[12].

D'autres furent affectés dans des postes de moindre visibilité stratégique et symbolique mais où il s'agissait de faire connaître le Canada comme entité originale et de donner l'habitude de sa présence et de ses conceptions, en même temps que de veiller à ses intérêts. L'affirmation de la voie culturelle les définit, notamment dans les pays latins et européens – ainsi le Consulat général à Bordeaux puis l'Argentine (Choquette), l'Espagne (Bruchési), le Portugal (Panneton). Ce qui réunit ces acteurs et ces créateurs, souvent dans les deux sphères d'activité – de poétique et d'action – relève de la culture essentielle à leur fonction. Ce sont des écrivains, chacun à sa manière dans le genre, la thématique, la publication : des poètes ou des romanciers, des analystes politiques ou des mémorialistes, des polygraphes chez qui contemplation et action vont de pair, souvent les trois à la fois.

Le rêve et l'action

Quels liens attachent, quelles rencontres relient l'activité littéraire et l'action diplomatique de ces créateurs ? D'abord l'inspiration du métier de diplomate insufflée par les voyages dans des contextes exceptionnels où l'impératif de la mission à réaliser – dans des conditions parmi les plus variées de toutes les professions – commande de remplir ses fonctions de façon égale dans des résidences, des palais ou de modestes locaux, des réceptions officielles, parfois en dormant par terre comme Wilgress en Sibérie, en entassant les dossiers dans la salle de bains comme Ford en URSS, sous les bombardements comme Cadieux et Ritchie à Londres, dans des rencontres avec les rois, les présidents et leurs ministres, en suivant d'interminables séances dans des enceintes internationales, souvent en composant avec des tensions et des indiscrétions de Services étrangers. Puis ces agents prennent la mesure des enjeux des questions les plus diverses en synthétisant les notes que des spécialistes préparent, étudiées jusque dans la procédure appropriée pour l'aboutissement de la négociation et le choix du langage convenable. Ils découvrent ainsi des cultures, non pas en touristes visitant au pas de course les haut lieux du patrimoine mais en collaborant avec des personnalités parmi les plus remarquables des pays où ils servent, dont les impératifs et les intérêts se rencontrent ou se différencient, qui font comprendre les visions du monde et offrent l'occasion d'amitiés dura-

---

[12] Selon J.-L. Granatstein, *The Ottawa Men. The Civil Service Mandarins 1935-1957*, Oxford University Press, Toronto, 1982, p. 2.

bles. Tout cela favorise l'inspiration de réflexions et d'analyses, de descriptions et de mémoires.

La littérature, de son côté, inspire la diplomatie comme le rêve appelle l'action qui l'alimente, et la vie de voyage est une part de la vie de l'esprit, comme on le voit chez ces auteurs, nourrissant les intersections des genres, des thématiques et des interrogations. Poèmes, journaux, souvenirs intimes, descriptions de personnes et de lieux, narrations d'événements, études, analyses historiques et politiques, fictions voire pensées philosophiques fécondent l'activité diplomatique. Leurs écrits expriment, de façon diverse, l'interrogation sur l'être et le devenir, la rencontre de l'Autre et des cultures, la contemplation du cosmos, le sens de la transcendance et de l'amour, la participation à la nature, attestant que la création et la diplomatie, loin de s'exclure, se renforcent dans la compréhension des cultures, des êtres et de leurs relations. Si la joie de l'âme est dans l'action, celle-ci se ressource dans la contemplation et participe à la création. Tous ces diplomates écrivains ont livré leurs observations et leurs réflexions dans un Journal personnel ou des Mémoires dont ils ont publié ce qui leur semblait convenable au regard du public friand de révélations autant que de témoignages d'acteurs des événements politiques et de textes d'auteurs connus pour l'originalité de leur plume, l'esprit de leurs propos, la franchise de leurs analyses. Leur ton confidentiel ou détaché, amusé ou critique, les notes d'activités qui peuvent servir de base à une dépêche ou à un télégramme, les situent à part.

On apprécie cet esprit en rencontrant ici chacun d'eux à travers ce qu'il offre. Souvent les souvenirs – pourtant oubliés – ne sont ni une composition littéraire pour un public esthète, ni un témoignage historique attentif aux lecteurs de l'avenir, ni la confession impudique d'un *ego* complaisant, comme l'analyse finement Charles Ritchie pour qui le journal correspond simplement à un besoin d'écrire. De son côté D.V. LePan ouvre avec pudeur une part de son intimité au milieu des éclats de souvenirs choisis parmi des moments intenses qui ont marqué sa vie et nourrissent sa poésie ; Philippe Panneton-Ringuet – auteur littéraire déjà célèbre, publie en « confidence » des pensées avouables, se réservant les autres ; Marcel Cadieux trouve l'expression juste de la double nostalgie du jeune diplomate nomade avant d'expliciter l'esprit du Service en ses exigences et sa camaraderie ; Jean Bruchési offre un commentaire personnel du compte-rendu des rencontres officielles qui suscitent ses réflexions sur la culture ; Dana Wilgress raconte ses pittoresques tribulations, de la Sibérie bolchevique au Japon ; R.A.D. Ford analyse la glaciation de l'URSS et les soubresauts des acteurs politiques et sociaux que sa familiarité lui a permis d'observer, tandis que l'espace et la nature habitant son regard inspirent ses poèmes cosmiques et amoureux. Ces journaux, souvenirs et poèmes enrichissent la littérature et l'histoire par le pittoresque de leurs descriptions, les portraits de personnages qui contribuèrent à former le monde actuel, la réflexion sur le sens de l'action à laquelle ils prirent part, l'évocation des idées impliquées. Leur écriture enchante le lecteur par le ton spontané ou simplement humoristique ou sentencieux, confidentiel ou perplexe. Or chaque auteur est aussi le diplomate qui rédige ou contrôle les dépêches, les télégrammes et les déclarations, même si, depuis l'ère de la simultanéité des communications où n'ont plus guère de place le qualitatif et l'anecdotique qui coloraient autrefois le compte-rendu et dramatisaient la question posée, la sobriété est de rigueur.

Plusieurs de ces diplomates – Ford et LePan, Choquette et Panneton-Ringuet – furent aussi des poètes de l'omniprésence de la nature canadienne, de la mer infinie, de l'histoire des civilisations, du temps qui s'écoule et des éclairs de la mémoire. Mais devant le spectacle du monde sublunaire où, comme diplomates, ils interviennent avec précaution entre des manifestations de la violence, tous ces voyageurs nomades retrouvent le sentiment de l'universel, de la transcendance et de la divinité. Enfin la répétition de leurs analyses de l'identité du Canada atteste la permanence de leur préoccupation par l'exercice de leurs fonctions. Leurs vues convergent dans le sentiment partagé d'appartenir à un pays unique par ses atouts humains et naturels, les cultures dont il provient, et qui se constitue en une entité nouvelle qui n'était pas incluse dans ses origines. Il ne s'agit ni de concepts théoriques ni de visions du monde systématiques mais d'un constat parfois impatient des conditions de la reconnaissance internationale du pays, qui dépend de l'action à laquelle ils participent comme écrivains et comme diplomates. C'est pourquoi nous privilégions le rappel de la carrière de ces diplomates, auteurs d'ouvrages d'autant plus inséparables de leur vie que leur création témoigne de leur action – généralement omise par les analystes littéraires – qui en constitue le fonds et la permanence. Nous avons adopté l'ordre chronologique où s'inscrivent l'œuvre et l'action de ces personnalités dans la continuité historique.

La tradition des diplomates écrivains apparaît ainsi éclatante dans l'histoire diplomatique et littéraire du Canada dont ces personnalités originales offrent de brillantes illustrations dans l'éventail de tous les genres. Plusieurs de leurs œuvres obtinrent des reconnaissances officielles par l'attribution des prix littéraires du Gouverneur général. Simultanément, les compliments adressés par le pouvoir politique à ces diplomates ainsi que l'appréciation de leurs collègues du Département, confirmaient la renommée qu'assurait à leurs œuvres la critique littéraire. L'intérêt des textes publiés : souvenirs et journaux, témoignages vécus des événements qui ont marqué le XXe siècle, poèmes, fictions d'inspiration intime, études et réflexions sur l'organisation politique et diplomatique et sur l'identité du Canada, tient d'abord au fait de leur existence ; pour ces agents et ces auteurs, l'action et la pensée s'appellent, attestant l'harmonieuse dualité de la *praxis* et de la poïétique chez ces personnalités qui ont éprouvé le besoin de participer doublement à l'action collective – car l'écriture est action en diplomatie et l'action diplomatique est créatrice. Dans ces créations, ces états de pensée, littéraires et diplomatiques, et ces interventions publiques, se mêlent ce qui est intime et ce qui relève du professionnel, au-delà des distinctions méthodologiques et des dénégations pudiques. Doublement officielle dans ce qui est reconnu et doublement intime dans ce qu'ils réservent, leur action est unifiée dans la pensée de la création. Elle contribue à l'Histoire en illustrant la tradition qu'ils concourent à fonder.

Chapitre I

Philippe Panneton-Ringuet
ou la liberté d'être soi

Philippe Panneton, qui choisira pour son œuvre littéraire le pseudonyme de « Ringuet », du nom de sa mère Marie-Eva Ringuet, est né le 30 avril 1895 à Trois-Rivières où son père Ephrem-François, médecin, avait été élevé dans la ferme familiale. Après des études au Séminaire de Joliette, au collège Sainte-Marie de Montréal et au séminaire de Trois-Rivières, qu'il quitte pour le journalisme dans *La Patrie*, Philippe suit des études de médecine à Québec en 1914 et à Montréal en 1916. Il se spécialise ensuite en rhinolaryngologie à Paris en 1920-1923. Il voyage à travers la France, l'Italie, l'Espagne, l'Allemagne entre ses stages et permanences à l'Hôpital Boucicaut et à la Fondation Rothschild. Puis il exerce à l'Hôpital Notre-Dame à Montréal de 1923 à 1940.

Il écrivit toute sa vie, menant une activité de création littéraire qui, peu à peu, dominera sa carrière et lui vaudra une reconnaissance officielle au Canada avec le prix du Gouverneur général, son introduction à l'Académie canadienne-française qu'il présidera, en France avec des prix de l'Académie française. La Société royale du Canada lui décernera la médaille Lorne Pierce en juin 1959, en son absence.

Ce médecin littérateur servira tardivement dans la diplomatie – écrivain diplomate – lorsqu'il sera nommé en 1956 ambassadeur au Portugal, où il décèdera en fonction à Lisbonne le 28 décembre 1960. Ses funérailles auront lieu le 4 janvier 1961 à l'église Notre-Dame à Montréal.

L'œuvre d'une vie

Son œuvre reconnue pour son intérêt littéraire et historique ne se distingue pas de sa vie dont elle a rythmé et même commandé les étapes. Après des débuts dans le journalisme, il publie des poèmes dès 1917 puis des articles de critique théâtrale. En 1924, avec Louis Francœur,

Littérature... à la manière de lui vaut le prix David. En 1929, il entreprend *Trente arpents* ; l'année suivante un nouveau voyage en Europe le conduit du Portugal en Espagne, au Maroc et en France. En 1933 il est agrégé, ce qui lui permettra d'être nommé professeur à la Faculté de médecine de Montréal deux ans plus tard. En 1934, il parcourt le Mexique. En décembre 1938, la parution de *Trente arpents* chez Flammarion, sous le pseudonyme de Ringuet, le fait reconnaître comme un auteur national et l'année suivante il est honoré par le prix du Gouverneur général du Canada, puis ce sera le Prix de la langue française de l'Académie française. En pleine guerre, en 1942, le Service de propagande lui demande de prononcer à la radio un hommage des Canadiens au peuple anglais. Il poursuit son enseignement, en histoire de la médecine, à l'Université de Montréal. En 1943, paraît *Un monde était leur empire*, qui suit ses recherches sur les civilisations précolombiennes. Au cours d'une mission culturelle Brésil-Canada en avril-juillet 1946, il donne des conférences à Rio de Janeiro, organisées par Jean Désy, ambassadeur du Canada au Brésil, sur la vie culturelle au Canada et sur l'histoire de la médecine. La même année paraît *L'Héritage et autres contes* ; en 1947 *Fausse monnaie*, pour lequel il reçoit le prix de l'Académie française ; en 1949 *Le Poids du jour*. Il quittera l'université en 1950, année où sa mère décède à 94 ans. En 1952 l'académie canadienne-française le délègue aux commémorations du cent cinquantième anniversaire de la naissance de Victor Hugo, année où il reçoit un doctorat *honoris causa* à l'occasion du centenaire de l'Université Laval. Il se marie en 1954 avec France Leriger.

Cette œuvre littéraire ne doit pas faire oublier la carrière du docteur Philippe Panneton, dont elle éclipse la plus grande partie de la maturité, car en tant que praticien universitaire, il a publié entre 1924 et 1942, une quinzaine[1] d'articles scientifiques, dans *L'Union médicale du Canada* et *L'action médicale*[2]. Il était très attaché à son métier et à sa désignation comme médecin, il déclara un jour : « Je suis médecin avant que d'être littérateur ou quoi que ce soit d'autre chose. Je m'intéresse à la littérature comme je pratiquerais un sport [...]. Médecin je suis et médecin je resterai. »[3]

---

[1] Concernant la rhino-laryngologie.

[2] Cf. Françoise Magnan, « Bio-bibliographie du docteur Philippe Panneton », École des bibliothécaires, Université de Montréal, 1942.

[3] *La Revue populaire*, juillet 1939, p. 6.

À des hommes différents une terre toujours la même

Plusieurs des œuvres publiées ou inédites représentent fidèlement la manière de ce créateur original, dont la vive sensibilité a contribué à exprimer et à faire connaître la mentalité du Canada français.

Si *Trente arpents* fut son premier roman, son succès fit d'emblée connaître son auteur bien au-delà des quelques écrits auxquels il s'était livré jusqu'alors : ses premières publications dans la presse, puis *Littérature... à la manière de...* qui avait reçu en 1924 le prix David, et encore des poèmes. Rédigé entre octobre 1929 et avril 1936, il fut publié le 1er décembre 1938 à Paris par Flammarion, sous le pseudonyme de Ringuet. *Trente arpents*, véritable roman de la terre, introduit au cœur d'un monde rural qui, au début du XXe siècle, n'est plus celui du *Maria Chapdelaine* de Louis Hémon (1916) ni des *Rapaillages* de Lionel Groulx (1916) mais se trouve en pleine mutation, où curés et colons, la guerre de 1914-1918 et l'évolution des mœurs dessinent la toile de fond sur laquelle se tissent les partages des opinions – la conscription, les « rouges », et les sentiments humains dans le contraste entre « une terre toujours la même » et « des hommes différents » (p. 466) – c'est « un authentique chef-d'œuvre » que le directeur littéraire de Flammarion, passant à Montréal en septembre 1938, s'apprêtait à publier. L'auteur compose de façon réaliste des données factuelles de la vie à la terre et ne cherche pas à idéaliser un tableau bucolique ou un paradis terrestre dont les personnages ne sont pas des incarnations systématiques de la vertu morale – ni des « héros » ni des « brutes », comme Ringuet le précisera dans l'Introduction.

Le tableau déroule son film au long des périodes de la nature : printemps, été, automne, hiver. Les réflexions de l'auteur sur le temps ou plutôt la durée vécue du temps intérieur qui rythme le mouvement de l'intrigue, soulignent l'existence laborieuse de ces paysans qui n'est qu'une « chétive intervention dans l'ordre des choses », – et constituent une méditation sur la continuité et ses dramatiques ruptures, et la mémoire qu'engendre la terre (p. 68). Il l'intègre avec l'espace, si prégnant en son immanence, en une union indissociable dont la manière unique fait l'identité de l'œuvre. Un tragique en ressort – « c'est l'indifférence et le silence de la terre qui confèrent à l'existence du paysan [...] un caractère âpre et cruel » ; alors « aux exigences de ces *Trente arpents* de terreau laurentien cède le pathétique personnel », juge Jean Panneton Ringuet[4]. L'auteur demeurera toujours attaché à ce

---

[4] Son neveu, auteur de la vivante *Introduction à l'œuvre de Ringuet*, p. 45. Certes la tradition des romans de la terre constituait « un instrument de la survivance nationale », comme l'indique la 4e de couverture (éd. 1991), mais en montrant la mutation

premier roman, « peut-être le meilleur de mon œuvre » jugera-t-il lucidement en 1959[5].

La clarté du style que n'altèrent nullement les canadianismes paysans, orthographiés selon l'accent – si vrais qu'ils font voir les personnages et le mouvement du tableau – aiguise la précision quasi clinique de l'observation. Dans une langue forte et soutenue, l'auteur décrit situations humaines et phénomènes naturels, et familiarise avec la mentalité des personnages qu'il rapproche du lecteur. André Billy estima : « *Trente arpents* est l'œuvre romanesque la plus importante qu'ait écrit un romancier canadien-français », tandis que André Thérive en donnait dans *Le Temps* une recension qui le désignait comme « la pièce maîtresse du roman canadien-français »[6]. L'Académie française lui décerne son prix, le 10 août 1938. Le succès immédiat de ce roman d'un médecin bien connu au Québec – on perça vite le secret du pseudonyme – ouvrit la carrière de Ringuet.

Le recueil de nouvelles : *L'Héritage et autres contes* fut publié en octobre 1946, aux éditions Variétés, à Montréal, sous le nom de Ringuet. L'auteur l'associe à *Trente arpents* dans sa satisfaction de sa première nouvelle « *L'Héritage* », qu'il qualifie « ce dont je suis le plus fier »[7]. L'argument lui était venu à l'occasion d'une promenade sur une route de campagne, au bord d'une ferme abandonnée, où il imagina ce qu'avait pu être la vie de ses habitants : non pas des paysans issus de la terre mais la vie d'un ancien débardeur à Montréal, installé sur une terre qui lui avait été léguée par un père inconnu ; mais perçu comme un intrus, il devra s'en aller. Les huit autres contes du volume avaient été publiés dans *La Revue moderne* depuis 1940. Du Québec avec « *L'Héritage* », « *Le Bonheur* », « *Sept Jours* », aux lieux exotiques ou imaginaires « *La Sentinelle* », « *Le Sacrilège* », « *Nocturne* », l'ensemble mêle impressions et fictions. L'ouvrage fut apprécié pour le style – un film s'inspira même de « *L'Héritage* » – mais, en décevant l'attente dans le public d'une suite de *Trente arpents*, il ne souleva pas l'enthousiasme.

---

de ce monde, *Trente arpents* le sublime en évitant à la fois le particularisme régionaliste et l'idéalisation du naturalisme.

[5] *Trente Arpents*, Introduction, p. 14.
[6] *Le Figaro littéraire*, 14 janvier 1939. *Le Temps*, 16 février 1939. La langue élégante de la narration, le style précis et imagé de l'observateur le rapprochent de Voltaire qu'il admire, de Zola et d'Anatole France, tandis que le romantisme l'exaspère.
[7] Note liminaire, p. 7.

Le moi profond et l'essence temporelle des choses

L'autre veine de Ringuet, partiellement reconnue mais profondément inscrite en sa féconde personnalité, demeure celle de la confidence du journal intime où l'auteur prend la liberté qu'il refuse à quiconque d'exercer sur lui : le choix de faire connaître ses pensées à un moment donné. Trois ouvrages – dont deux inédits d'importance – l'attestent : d'une part *Confidences*, publié en 1965, après sa mort ; de l'autre un « Journal » inédit de près de 2400 pages, ainsi qu'une œuvre dactylographiée d'une centaine de pages, toujours conservée inédite : *Carnet du cynique*.

Les treize carnets du « Journal » témoignent certes de sa volonté de « pratiquer la phrase française », comme il le dit – mais bien davantage car, avoua-t-il, ce fut le « livre de ma vie » et le texte « par où passa la mue de ma personnalité »[8]. Entreprise continue d'introspection, auto-analyse – objectivation de sa vie intérieure et réaction à la sottise et à la mesquinerie rencontrées ; tout cela en même temps : « Je dis, j'ose dire et écrire ce que je pense » affirma-t-il – mais il n'avait pas l'intention de le publier.

Il en préleva vers 1926 – il avait 31 ans et un métier – des extraits, aphorismes et réflexions dont l'ensemble rassemblé devint *Carnet du cynique*, « Œuvre de moraliste avant tout », juge son neveu Jean Panneton. Il s'y affirme en sa personnalité profonde, mais ne voulant ni ne pouvant publier ce qui n'aurait pas été compris, ni offenser ceux qu'il fréquentait. Observations ironiques, confidences amères d'un esprit non conventionnel qui se veut cruellement lucide et se complait parfois dans la critique sociale, jouant à l'insupportable, c'est autre chose qu'une réaction d'adolescent prolongé ou d'opposant frustré, car tout lui réussissait. Pourtant, que ce soit la philosophie et la scolastique, le christianisme qui, à ses yeux, ne parvient pas aux sommets de l'humanisme stoïcien, le rôle de la femme, la Confédération canadienne – au nom du bilinguisme et du séparatisme – tout passe au feu d'une ironie cinglante. Plus tard, il se jugera sévèrement : « ce que j'ai accumulé là-dedans d'âneries est phénoménal », ajoutant : « Se peut-il que j'aie tant changé ? » (p. 30-31). Son admiration va au XVIIIe siècle, non au XVIIe siècle ; mais en son époque il apprécie Maurice Barrès et le culte du moi dont l'égotisme le pénètre. En même temps, comme l'analysera

---

[8] Jean Panneton, *Ringuet*, *op. cit.*, p. 28. Il rédigea l'essentiel de ce Journal durant son séjour de trois ans en Europe (1920-1923). Effet de l'atmosphère critique française et de la stimulation par « les paysages changeants » et la « sensation d'étrangéité », nécessaires « à la compréhension, à la réalisation et à l'expression de mon moi le plus intéressant » (Journal, cahier XIII, f° 16), cité in *Trente arpents*, Introduction, p. 9 ; il observe le moi profond avec lequel il se sent coïncider durant ces pérégrinations.

finement Jean Panneton, Rémy de Gourmont avec *La culture des idées* (1900) lui suggère la fécondité de la « dissociation des idées » par un esprit qui mêle la critique et l'intelligence créatrice. La remarquable analyse de Jean Panneton laisse le lecteur sur une aporie où domine l'affirmation intransigeante de la liberté de pensée, qui gagnera en tolérance et en sens des réalités avec l'expérience de la vie venus, plus qu'avec l'âge, grâce à l'exercice des responsabilités et des relations humaines.

Confidences s'en avèrera sinon l'exact contre-pied, du moins comme un regard d'ensemble apaisé sur des souvenirs personnels et sur la vie. Or ce texte en suggère des clés – non exhaustives sans doute : « Pendant des années en fait j'ai essayé de revêtir le manteau du sceptique, imperméable aux contrariétés et aux accrochages de la vie. J'ai même tenté d'être pessimiste […] Eh bien ! Je n'ai jamais été de fait qu'un incurable optimiste. Je suis au fond un grand naïf. Oui ! Et je n'ai jamais été autre chose »[9]. *Confidences* « révèlent un homme heureux, serein, sain, un humaniste souriant, qui juge tout avec humour et détachement », dit Jean Panneton[10], dans la biographie de son oncle, et qui a valeur de vérité ultime de sa personnalité.

L'une de ses « confidences », à propos de son attachement pour les livres : « Mes amis les livres », concerne les raisons profondes de sa « conviction déterministe », selon ses termes. Ni prédestination mécanique ni fatalisme automatique certes, mais « nous sommes conditionnés nécessairement, estime-t-il, par ce qui nous entoure ». Conscient d'aller « à contre-courant » des conceptions communes de son milieu, il n'en voit cependant autour de lui que des confirmations inavouées par ceux dont toute la vie en constitue une illustration et leur discours une dénégation. En effet, cette détermination par la Fortune ou par des « ressorts à nous étrangers » limiterait le mérite de chacun : « admettre que la vie nous fait ce que nous sommes, plutôt que de penser que nous faisons notre vie, c'est enlever aux gens importants une grande satisfaction », dit-il, car « ils tiennent pour assuré que seuls leurs efforts les ont portés sur les hauts échelons de la société » (p. 149) et, inversement, « ne devoir la réussite qu'à un concours de circonstances extérieures ou intérieures à leur moi, serait une injure grave à leur amour-propre ».

---

[9] *Confidences*, p. 25. Le sous-titre entre parenthèse des 96 feuillets du *Carnet du cynique* : « Notes pour servir à l'histoire d'Antisthène le Jeune, philosophe du Néo-Cynosargue ». L'auteur note (f.7) : « Si aujourd'hui, j'agis souvent à la façon des hommes, je parle fréquemment de façon différente, et je pense presque toujours à l'opposé » – mais ajoute-t-il, « bien que je me plaise à signer "*Kunikos*", je ne suis qu'un demi-cynique » (f.5).

[10] Ringuet, *op. cit.*, p. 105.

Mais Ringuet ne se borne pas à cette critique, bien dans le fil de son *Carnet du cynique* qui transparaît ici ; il en analyse la portée et les conséquences pour la conception du monde et de la vie. Il y voit une « habitude de méfiance vis-à-vis de la nouveauté » (p. 186) – de refus de l'inaccoutumé, qu'il renvoie à l'âge des cavernes et où il lit un signe d'inachèvement, responsable des limites et des raideurs que l'on constate souvent dans la société : la fermeture d'esprit, un faux étonnement.

Si sa réflexion sur l'étranger est significative du milieu local homogène et clos où il vit alors, elle annonce en même temps son ouverture d'esprit permanente qui s'illustrera dans les fonctions diplomatiques :

> Et voici qu'un jour je devins conscient de la présence parmi nous d'être invraisemblables : les étrangers. De quelle création particulière étaient-ils issus, je ne pouvais l'imaginer. […] Il ne me paraissait pas qu'ils pussent être nés comme nous tous suivant les modes normaux de la nature que j'ignorais sans d'ailleurs en être curieux encore. Parce qu'ils étaient différents, ils me paraissaient monstrueux. […] Jusque-là mon monde était fait de gens à peau blanche, de nationalité canadienne, parlant français et pratiquant la religion catholique. Rien n'existait, rien ne pouvait exister d'autre. Rien au-delà ne pouvait même être imaginé, puisque imaginer c'est en fait construire du faux neuf avec de vieux matériaux. Quand je connus les autres, les anormaux, je restai stupéfait, presque incrédule, à les constater de fait différents et hérétiques. Hérétiques de parler, de couleur, de race ou de religion. […] Et ayant appris à douter de quelques choses immanentes et capitales je me sentis dès lors porté vers un scepticisme dangereusement généralisé. Car et surtout je me demandai avec stupeur : Comment, mais comment peut-on être Protestant ? Comment Dieu, qui est Catholique apostolique et romain, tolère-t-il […] ? Comment peut-on être Syrien ?

Lorsque cette défiance s'atténue, on accepte de mieux en mieux la différence et l'hétérogénéité du monde : l'inattendu, les étrangers, divers et différents de peau, de culture, de religion[11].

Ambassadeur avant la lettre

À plusieurs reprises il avait été question de la nomination de Panneton-Ringuet dans un poste diplomatique ; des suggestions publiques avaient été lancées – son neveu Jean Panneton rapporte qu'à l'occasion d'une conférence à Montréal, un Dominicain avait estimé qu'il devait succéder à Jean Désy au Brésil : « Nul autre que le docteur Philippe Panneton ne serait mieux qualifié pour remplir ce poste très important – celui d'ambassadeur du Canada au Brésil »[12]. Lauréat de prix prestigieux

---

[11] *Confidences*, p. 186-188.
[12] M. Desmarais « Ringuet ambassadeur du Canada au Brésil ? », in *Le Canada*, 18 décembre 1947, cité *in* Jean Panneton, *Ringuet*, p. 97.

au Canada et en France, reconnu comme représentant de la culture canadienne, un telle nomination comme diplomate d'un écrivain « ambassadeur avant la lettre » selon l'expression de Jean Ethier-Blais[13], qui avait tant pensé l'identité canadienne, paraissait tout à fait naturelle et même opportune, pour faire connaître à l'étranger la culture et la créativité du Canada. Enfin il était apprécié de ses amis diplomates, notamment Jean Désy et Pierre Dupuy, qui furent ambassadeurs à Paris.

C'est pourquoi sa désignation comme ambassadeur au Portugal ne fut pas une surprise. Il fut nommé à 62 ans, le 14 juillet 1956, illustrant sa théorie « déterminante » selon laquelle, peut-on dire, les choses suivent une logique immanente. Il avait parcouru le Portugal où il retrouvait une origine des découvreurs et des conquérants des Amériques. Il rejoint Lisbonne où il présente ses lettres de créance le 20 mars suivant au Président Salazar.

Ambassadeur, Philippe Panneton conserva sa liberté habituelle de ton dans l'expression de son jugement, dans sa correspondance diplomatique avec Ottawa, sur la situation politique locale et internationale, sur ses interlocuteurs et les personnalités politiques. Sa correspondance, rédigée en anglais et en français, en témoigne, comme le précise un article récent de Michel Arseneault, « Les carnets de l'ambassadeur »[14].

Concernant son regard sur les hommes : Salazar, dictateur au pouvoir depuis 24 ans, lui paraît fermé à la compréhension de la réalité de son pays, des colonies du Portugal et des relations internationales, et incapable de prendre la mesure des enjeux des réalités politiques – l'ambassadeur signale une fois un discours du dictateur, « d'une limpidité inhabituelle ». Il note le 6 octobre 1959 que, selon Salazar, « L'indépendance du Maroc et de la Tunisie, octroyée par la France, et celle de l'Inde et du Ghana, octroyée par la Grande-Bretagne, sont le comble de la folie et de l'inconscience » et, à ses yeux, « le fait que le Ghana, cette parodie de nation, comme on me l'a déjà dit ici, siège à l'Assemblée générale des Nations Unies aux côtés du noble et ancien et civilisé Portugal, est considéré comme une insulte. [...] Quelle monstruosité ! Un fruste garçon d'écurie s'est glissé dans le lit de la fille du marquis ! ». Salazar explicite la même attitude dans une interview au *Figaro* en 1958, s'agissant de la colonie portugaise du Mozambique.

Le dictateur maintient la censure de la presse « parce qu'en fin de compte, dit-il, la liberté dépend du degré de formation civique et morale de celui qui doit en user ». Panneton observe : « ce qui n'est guère aimable pour les Portugais ». Il en trouve la preuve quotidienne : « De

---

[13] *Signets II*, cité par Jean Panneton, *op. cit.*, p. 98.
[14] *La Presse*, Montréal, 4 avril 2004.

commentaires honnêtes dans la presse portugaise, évidemment aucun, observe-t-il. Des dithyrambes et des louanges presque partout. Ceux qui ne sont pas d'accord ne peuvent que se taire, car la censure est redevenue rigide. Rien ne passe plus ». Il évoque la figure du général de Gaulle en 1958, peu de temps avant son élection comme Président de la République, « vu de ce côté-ci des Pyrénées, le Général semble beaucoup moins impressionnant que vu des Champs-Élysées ». Attentif à la sécurité de ses concitoyens et à la liberté d'expression, l'ambassadeur du Canada avertit la communauté des Dominicains canadiens – « car les Dominicains espagnols étaient considérés comme trop arriérés et les Français trop libéraux » – que Salazar menaçait car il jugeait qu'ils s'exprimaient « beaucoup trop librement ».

Quant à sa politique internationale, le Portugal n'en est pas à une contradiction près, explique l'ambassadeur : commerçant avec l'URSS, tout en proclamant sa haine du communisme – « heureusement, observe-t-il, les deux sont possibles sous le couvert de l'OTAN ». Il prévoit la décadence du pays sous ce régime : « Lisbonne, jadis la capitale de la moitié d'un monde civilisé, devra se contenter d'être la capitale d'une petite nation de huit millions d'habitants en pleine dégringolade », bientôt guère plus importante que Cuba « possédant plus de passé que d'avenir ». L'état de la mentalité du pays ne lui inspire pas d'optimisme : « celui qui a dit que l'homme est un animal, celui-là n'a certes pas connu les Portugais d'aujourd'hui. Le gouvernement s'intéresse aux territoires d'Outre-Mer, la populace s'intéresse au football, et l'élite ne s'intéresse à rien ».

Le 28 décembre 1960, l'ambassadeur Panneton quittant ses bureaux, répond à l'employée portugaise qui le saluait en lui disant « À demain, si Dieu le veut ! » : « Même si Dieu ne le voulait pas, je serai là demain ! ». Le lendemain, il ne reviendra pas, frappé par un infarctus. Ses collaborateurs à l'ambassade, rapporte l'article de M. Arsenault qui cite l'un d'entre eux, le considéraient « très jovial, très humain, très ouvert », en même temps que très discret. D'ailleurs Panneton réussit sa mission dans son poste – un écrivain portugais contemporain, Joaquim Paco d'Arcos, témoigne qu'il jouissait « d'un grand prestige » dans la société portugaise et qu'il tenait « la première place » parmi les diplomates à Lisbonne, comme en témoigne Jean Panneton à qui il l'avait écrit au sujet de son oncle[15]. Des éléments de sa mission ont été rapportés par Jacques Coulon dans *Notre ambassadeur à Lisbonne*.

---

[15] Jean Panneton, *Ringuet*, op. cit., p. 98-99.

CHAPITRE II

Dana Wilgress ou la vie de voyage

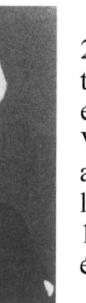

Né à Vancouver, en Colombie britannique, le 20 octobre 1892, Leolyn Dana Wilgress fut très tôt ouvert aux vastes horizons et aux cultures étrangères puisqu'il passa sa jeunesse entre Vancouver, Victoria et Yokohama où son père fut agent maritime. Il fit ses études supérieures à l'Université Mc Gill à Montréal, où il obtint en 1914 la licence en Sciences politiques et en économie.

Il intègre alors – à 22 ans – les Services commerciaux du Canada à l'étranger, au ministère du Commerce et de l'Industrie, comme attaché commercial (*Canadian Trade Commisioner Service*), ce qui le plonge d'emblée dans une aventure extraordinaire. En effet il est nommé pour son premier poste à Omsk, en Sibérie, où il prend ses fonctions en 1916. Il vivra sur place la révolution soviétique et, après un passage à Vladivostok, il sera transféré successivement en Roumanie, puis à Londres et à Hambourg. Il est alors tout naturellement désigné en 1932, comme directeur du *Commercial intelligence service* du Canada, et en 1940 sous-ministre des échanges et du commerce. À partir de 1930, toute son activité fut engagée dans les relations et les conférences des affaires économiques du Commonwealth à Londres et les conférences préparatoires pour les Nations Unies. Il sera nommé ensuite dans des missions diplomatiques importantes : d'abord en Russie en 1942, où il fut le premier ministre plénipotentiaire et où il devint ambassadeur deux ans plus tard ; ensuite chef de la délégation canadienne à la Commission préparatoire des Nations Unies en 1945, puis ministre en Suisse en 1947-1949 et haut-commissaire au Royaume-Uni, de mars 1949 à juin 1952 d'où il fut appelé comme sous-secrétaire d'État aux Affaires extérieures. Ces responsabilités ne l'ont pas empêché de présider le GATT à deux reprises, de 1948 à 1951 et de 1951 à 1956, et de tenir le siège de représentant permanent au Conseil de l'OTAN et à l'OECE (Organisation européenne de coopération économique) d'août 1953 à octobre 1958, ce qui lui donna l'occasion de séjourner en Europe. Il prit sa retraite en 1966 ; il fut reçu comme

Compagnon de l'Ordre du Canada en 1967. Il décéda à Ottawa le 21 juillet 1969.

La promesse des horizons et la carrière de la vie

Ses mémoires, *Memoirs*, publiés en 1967, véritable récit d'aventures et compte-rendu d'observations culturelles et politiques, présentent l'intérêt d'une narration vivante, remplie d'observations pittoresques et d'impressions personnelles d'un jeune diplomate voyageur à la sensibilité et à l'intelligence ouvertes aux cultures, et en même temps un témoignage de première main sur des événements extraordinaires au cœur desquels il se trouva plongé, et qui allaient déterminer en grande partie le siècle.

En un style alerte et personnel, ces souvenirs retrouvent le parcours de son enfance émerveillée, de ses premiers voyages aux postes successifs de la carrière de Commissaire commercial qui le conduisent en Europe et de la Russie aux Balkans. Comme il l'annonce dans la courte Préface, il relate successivement les impressions du Japon et de Hong Kong dans la première décennie du XXe siècle lorsqu'il était enfant puis jeune homme, avant son premier poste en Russie qui le projeta comme spectateur de la Révolution de 1917, de Moscou à la Sibérie. Ses retours successifs à Moscou en 1921, 1923 et 1936 puis en 1943 comme premier représentant accrédité en Union Soviétique, en font un spécialiste, rare témoin de l'évolution de la zone. Son poste de représentant à l'OTAN le conduira à Paris et en Europe où il aimait retourner fréquemment et dont, de son propre aveu, il était devenu aussi familier que de son propre pays. Comme il le constate non sans humour, l'heure de la « retraite » le trouva capable d'effectuer un grand nombre de multiples activités.

Sa jeunesse se confond avec ses premiers voyages[1] à partir de Vancouver, terminus du *Canadian Pacific Railway*, dont son père était le comptable pour la Division du Pacifique, et son oncle Albert J. Dana, le responsable des achats. Il était déjà orienté vers la quête des horizons et vers le large. Il montait dans le wagon de fonction de son père, qui lui communiqua le goût des chemins de fer, d'où il contemplait avec bonheur le défilé continu des paysages montagneux. Lorsqu'avant celle de l'Atlantique il fit la traversée de l'étendue canadienne en passant par Montréal où son père était né dans le milieu anglophone et d'où il avait intégré la direction du *Canadian Pacific Railway*, il prit conscience de sa situation riche de références britanniques mais appartenant bien au Canada, dont ses ancêtres avaient été des pionniers. Étant enfant,

---

[1] Chapitre *Early travels*, p. 1.

comme il agitait un drapeau anglais un jour de fête, il avait répondu à un Anglais qui le félicitait d'être « un bon petit Anglais » : « *I am not. I am a Canadian !* » (p. 2).

Le jeune garçon avait accompagné sa famille à Hong Kong, à bord de l'*Express of China*. La ville l'avait fasciné par les allées et venues de bateaux et le port. Ses parents menaient une vie aisée, ponctuée par les voyages à Vancouver, San Francisco, Honolulu, jusqu'à ce que son père entre au *Canadian Pacific Steamships* à Yokohama. Pour le jeune garçon, la découverte des racines s'était mêlée très tôt à la diversité des impressions et à la vie dans des cultures si différentes. Il étudia à la *Modern School* fréquentée exclusivement par des élèves britanniques – il y apprit des rudiments de japonais pratique, plus facilement que le latin. Heureux au Japon, il n'apprécia guère de retourner à Vancouver où ses parents voulaient l'habituer à une éducation plus classique. Pourtant à Vancouver College, qui avait été créé par l'Université Mc Gill, il lut les grands auteurs, guidé par son professeur, Lemuel Robertson, le père du futur diplomate Norman Robertson. Il fit des progrès inespérés en latin, qui l'autorisèrent à retourner au Japon. La traversée sur l'*Express of India* le réjouit davantage que le regard de son père qui n'appréciait pas son retour à Yokohama, peu sûr pour son éducation morale. L'appartement du *Canadian Pacific* où la famille habitait était contigu aux bureaux du Commissaire pour le Commerce du Gouvernement Canadien – situation prémonitoire ?

De Vancouver où il retourna passer des examens de latin, il fut admis à l'Université Mc Gill, à Montréal. Il ne s'y fit guère d'amis durant les deux premières années, avec qui partager des intérêts communs, mais il s'épanouit dans les études qui préparaient à de nouveaux départs. De ces années austères il ne connut de voyages que par les récits que lui firent ses parents de leur grand périple européen. Toutefois il put accompagner sa mère à Londres, sur l'*Empress of Britain*, peu de temps après le naufrage du *Titanic*. Il se spécialisa en science politique et en économie politique, où il fut remarqué par son professeur, Stephen Leacock. La quatrième année lui laissa un souvenir d'autant plus intense qu'avant même sa sortie en 1914, ce dernier le présenta au service de la Commission commerciale du ministère qui cherchait de jeunes diplômés d'avenir – le ministre du Commerce, George Forster qui voulait donner une assise permanente à ce Service, avait dit à Stephen Leacock qu'il voulait embaucher au Commissariat commercial des étudiants intelligents destinés à représenter les intérêts du Canada à l'étranger. Leacock recommanda Wilgress comme particulièrement doué – après l'avoir reçu, le ministre l'envoya immédiatement au Commissaire du Commerce en notant : « Wilgress est exactement l'homme que vous cherchez ». Deux articles illustraient les aptitudes du candidat, notamment une étude intitulée « Canada and the Pacific » que l'auteur concluait par une analogie entre ce qu'avait été le XIXe siècle pour les États-Unis et l'Atlantique, et ce que serait le XXe siècle pour le Canada et le Pacifique.

Projeté en Sibérie

Deux semaines après sa diplomation de l'Université Mc Gill, le 1er juin 1914, Wilgress était recruté comme sous-commissaire avec traitement. Comme il dit lui-même : « mon appétit pour les voyages à l'étranger avait été excité » ; on comprend l'enthousiasme avec lequel il entra au Service.

Dès lors il était embarqué dans la Carrière mais il n'entendait pas les grondements des puissances européennes. Comme il le rappelle, le Canada avait été le premier pays à établir à l'étranger des commissaires commerciaux, dès 1894, postés à des centres d'échanges stratégiques dans le monde. L'ignorance dans laquelle demeuraient les diplomates britanniques traditionnellement chargés des intérêts de dominions avait conduit le Canada à nommer ces agents spécialisés. Ainsi en 1914, le Service comportait dix-huit commissaires, dont cinq en Grande-Bretagne, distincts des « agents commerciaux » qui n'étaient pas de la Carrière ; d'ailleurs l'exemple canadien fut suivi, au début du XXe siècle, par le ministère britannique du Commerce. Les jeunes diplômés étaient formés au Département puis envoyés seconder les chefs de poste avant d'exercer eux-mêmes des responsabilités directes.

Dana Wilgress fut immédiatement plongé dans le bain. Après une formation à Ottawa et un séjour à Québec et en Nouvelle Écosse pour se familiariser avec l'industrie, il reçut sa première affectation à l'étranger : dès son premier poste il était désigné pour la Russie, à Omsk en Sibérie. Cette affectation l'étonna et il dut chercher la ville sur une carte.

Il rejoint son poste en 1916, traversant d'abord l'Atlantique avec sa mère, en pleine guerre, vers l'Angleterre, dont les côtes étaient menacées par des sous-marins allemands. Puis muni de son passeport diplomatique, rencontrant des flots de troupes diverses partant au front ou en revenant, il passe en mer du Nord vers le port norvégien de Bergen, qui l'enchante par ses maisons colorées, puis Oslo et Stockholm, « la plus belle ville que j'aie jamais vue ». Du Grand Hôtel, en face du Palais royal, de l'autre côté du bras de mer qui rejoint le lac, il retrouve la mer, les bateaux, l'histoire et l'exotisme. C'est sa découverte de la Scandinavie. En mai, le jour revenu fait ressortir, dans la lumière du Nord, la côte granitique de la Suède qu'il laisse derrière lui en traversant le golfe de Botnie vers Torneå, sur la rive finlandaise – long détour avec son bagage et ses documents commerciaux transbordés, comme autrefois les ambassadeurs traversaient mers et fleuves, zones insalubres et en guerre, pour rejoindre leur résidence. Les Allemands contrôlant la Baltique, la route du Nord, par la Norvège, la Suède, la Finlande, reste la seule possible selon les accords entre la Grande-Bretagne et la Russie. Ce périple ne déplait pas au jeune diplomate ; il lui offre l'occasion de faire connaissance avec des officiers sous-mariniers anglais se rendant à Sébastopol comme instructeurs pour la marine russe, de sympathiser avec des Danois allant à Vladivostok pour la Compagnie télégraphique du Grand Nord. Sorti de l'immensité des forêts de Finlande, il atteint enfin Petrograd.

Son initiation commençait à l'été 1916, en pleine guerre mais dans une période où aucun signe ne laissait présager l'imminence d'un bouleversement en Russie. Il ressentait une grande vitalité dans l'évolution lente d'une immense nation, et aucun des bruits partiels qui lui parvenaient ne pouvaient l'inquiéter vraiment, rapporte-t-il. Il établit immédiatement des relations avec des intermédiaires capables de promouvoir la vente de denrées canadiennes. Un interlocuteur arménien lui rapporte l'histoire du moine Raspoutine, confident du Tsar, qui atténue la gravité des troubles du tzarevitch ; il se croyait transporté dans un autre monde – c'est lui qu'il entend prononcer pour la première fois le mot redouté de « révolution ».

La révolution bolchevique

Enchanté par la découverte de la Russie, il refuse de se laisser influencer par les préjugés répandus chez les Anglais et les Américains qu'il rencontre à Petrograd, contre les Russes, considérés comme inefficaces, négligés et rebelles à toute ponctualité. Il les trouvait seulement très différents des européens mais il appréciait leur cœur largement ouvert et sans hypocrisie. Wilgress rencontre des personnalités dont les jugements l'éclairent. L'ambassadeur britannique ne lui cache pas la gravité de la situation internationale, mais il se montre confiant dans son évolution. Le vice-ministre des Affaires étrangères, le baron Nolte, balte d'origine allemande, ainsi que plusieurs autres hauts fonctionnaires, le mettent en garde contre des appréciations hâtives sur la situation. Après quelques semaines à Petrograd, Dana va jusqu'à Moscou puis se décide début juillet, à partir pour Omsk où le ministre du Commerce lui avait donné instruction, avant son départ d'Ottawa, de se rendre dès que possible. C'était l'inconnu. Son œil, accoutumé aux grandeurs des Rocheuses, est presque déçu par la taille de l'Oural – séparant pourtant l'Europe et l'Asie – guère plus impressionnant que les Laurentides au Québec. Mais le voyage par chemin de fer, dont il retrouve le rythme, comble son imaginaire en le rassasiant d'images des vastes plaines sibériennes sous un soleil éclatant et, dorénavant avide de tout ce qui arriverait, il est déjà fasciné par ses compagnons russes et la nature. Assis sur le marchepied du wagon, il ne se lassait pas d'observer le paysage. De Omsk, où il rencontre un Anglais des industries agricoles, exportateur de beurre, dont il avait fait connaissance à Londres, il se rend en décembre à Tomsk, seule ville universitaire de Sibérie où la température de moins trente n'incite guère à la promenade. Il parvient à y prendre des contacts avec des importateurs susceptibles de s'intéresser aux produits canadiens, mais sa conversation se heurte aux limites de sa maîtrise de la langue.

Début mars 1917, les premiers échos de la Révolution russe, des troubles à Petrograd, atteignent progressivement Omsk. Bientôt une avalanche de nouvelles rapportent les débuts de la Révolution, l'arrestation du Tsar, tandis que la foule se masse et défile dans les rues aux cris de « liberté ». Des conseils de membres du Parti démocrate ou « Cadet » se forment. Wilgress suit ces événements, informé par une relation locale, membre de ce parti, qui dirigeait la succursale de la Banque russe pour le Commerce extérieur. Il s'étonne de ces slogans et de ces défilés d'insurgés sans programmes qui débattent sans fin des questions qui les dépassent, comme l'indépendance de la Finlande, alors que l'urgence des affaires appelle des mesures pour rétablir les communications, assurer les transports, en un mot, de leur immaturité politique (p. 39). En effet des habitudes invétérées commandent la vie quotidienne, à travers ces événements extraordinaires. Il voit le Parti « Cadet » et son leader Kerenski gagner du pouvoir, tandis que les plus jeunes partisans d'un gouvernement démocratique se réfèrent au modèle Suisse. Mais la tendance gauchiste gagne du terrain et infléchit le mouvement vers la révolution sociale, sous l'impulsion de l'aile bolchevique du parti, avec le slogan « Le pain et la paix » – et le soutien à la poursuite de la guerre. Wilgress a le sentiment qu'à ce moment-là, personne autour de lui ne retient sérieusement les réclamations des Bolcheviques, qui semblent contredire les aspirations profondes du peuple russe, telles qu'il les perçoit dans la presse quotidienne.

Cela ne l'empêche pas de poursuivre sa découverte du pays. Plus il s'enfonce dans la Sibérie, plus il est frappé par sa ressemblance avec les paysages du Canada : les plaines autour de Omsk lui rappellent les prairies de Winnipeg, les monts Altaï, les Rocheuses, l'Est du fleuve Ob jusqu'au lac Baïkal, le nord de l'Ontario entre Sudbury et le Lac supérieur. Il rencontre un canadien de l'Ontario, de « *Martens and Company* » de New York, parlant le russe, venu lancer une opération commerciale. Ils visitent ensemble Petropavlovsk et Chelyabinsk, à l'Est de Omsk, puis Troitsk au pied de l'Oural où Wilgress escalade une colline pour contempler le panorama, non loin de Magnitogorsk.

Vers la Mongolie... taillé à chaux et à sable

Fasciné par le voyage en Sibérie, il se lance dans un large périple dans le Sud, d'abord par le Transsibérien vers Novossibirsk puis par bateau jusqu'à Biisk au pied des Monts Altaï ; de là, par le train vers Barnaoul puis par la nouvelle ligne du Altaï Railway, ouverte depuis trois ans, jusqu'à Semipalatinsk sur le fleuve Irtych, à mille kilomètres au Sud de Omsk. Il y retrouve un ami, directeur d'une compagnie de navigation sur ce fleuve, avec qui il passe quelques journées reposantes au lac Zaisan, à proximité de la frontière de la Mongolie. Il conservera de cette excursion le souvenir le plus agréable de son périple sur un bateau luxueux avec des passagers agréables, loin de l'agitation de la Révolution, ouvrant sur un panorama immense où il suit les gorges superbes creusées dans la montagne, conscient que peu d'anglophones eussent été capables de partager sa joie (p. 41). Il s'aventure seul, en charrette, au village cosaque d'Altaiskaya, près de la Mongolie, où il couche sur une natte sur le sol de la cuisine ; les jeunes gens étant au front, il ne voit que des vieillards, des femmes et des enfants. De là il contemple le pic enneigé du Mont Belukha, qui marque la frontière avec la Chine. En voyageur passionné, homme d'action et rêveur contemplatif, Wilgress se souvient d'avoir lu un récit sur le village par un écrivain anglais, Stephen Graham[2], qui se trouvait là quand la guerre éclata en 1914. Il visite ainsi le pays, le découvrant de l'intérieur, et s'imprégnant des coutumes : bienfaits du voyage par lui-même.

L'été avancé, il poursuit avec son compagnon canadien vers Irkoutsk dans un train bondé de soldats revenant du front, tassés sur le toit des wagons et les ballasts. Assis sur leurs valises dans le couloir durant la nuit, allongés le jour suivant grâce à la bienveillance des occupants des compartiments, les deux compagnons s'adaptent aux conditions de périple : à Irkoutsk, les hôtels étant complets, ils doivent dormir par terre dans le bureau du représentant de « *Martens and Company* ». Ces conditions ne favorisaient guère les entretiens d'affaires où revenait toujours, en cette période aux lendemains incertains, la question : « comment allons-nous nous procurer les marchandises ? ». Au retour par Krasnoïarsk sur le fleuve Ienisseï, et par le vapeur vers Minusinsk, camp de prisonniers politiques près de la frontière mongole, Dana Wilgress fait l'expérience de l'agressivité verbale envers les passagers, traités de « capitalistes ».

---

[2] Stephen Graham (1884-1975), journaliste, publia des souvenirs de la Première Guerre mondiale, notamment *Russia and the world* (1915), *Through Russian Central Asia* (1916), et une autobiographie *Part of the Wonderful scene* (1964).

La situation politique empirait. Lénine était retourné de Finlande à Petrograd et avait gagné des partisans avec son slogan : « Le pain et la paix ». Les bolcheviques avaient organisé un soviet à Omsk sans rencontrer de résistance, et des arrestations avaient eu lieu. La colonie anglo-américaine se dispersait, le vice-consul britannique emmenait sa famille au Japon. Fin janvier 1918, Wilgress tomba malade ; le médecin diagnostiqua la petite vérole (*small pox*) et le fit isoler à l'hôpital où il poursuivit sa découverte du peuple russe, approfondissant son expérience de la *kasha* (porridge) et du *kisel* (gelée de canneberges), de pain noir et de thé durant deux semaines, le temps pour le praticien de lui trouver une fièvre scarlatine qui lui valut une chambre individuelle où son délire était ponctué par les détonations des tirs de la rue. Trois mois plus tard il quittait l'hôpital, à temps pour recevoir d'Ottawa les instructions qui avaient mis plusieurs semaines pour lui parvenir par l'ambassade britannique réfugiée dans le Nord : il devait fermer le bureau et retourner au Canada par les voies praticables. À peine rétabli, il s'achemine avec son bagage vers Vladivostok, au rythme de détours interminables. De là il s'embarque pour Shanghai, accompagnant une famille russe amie qui fête au champagne sa délivrance du bolchevisme ; il fait connaissance du Commissaire commercial dont l'hostilité pour les Russes le heurte. Mais un nouveau télégramme le rejoint, lui donnant instruction d'entreprendre un tour complet de la Chine et d'envoyer des rapports sur les possibilités existantes pour le commerce canadien – ce que le Commissaire canadien en poste en Chine n'apprécie guère. Willgress décide alors de visiter Hong Kong – où réside toujours son père – puis les ports du Sud, avant de retourner rédiger ses rapports à Shanghai.

Chine, Japon et retour

Un nouveau message lui ordonne de se rendre immédiatement à Vladivostok afin d'y ouvrir le bureau de Commissaire commercial. Il conclut en hâte son rapport sur « les opportunités pour le commerce canadien avec la Chine du Sud », et il repart – non sans faire un détour par Pékin qu'il ne veut pas manquer avant de quitter la Chine : il sera fasciné par la Cité interdite, les temples, le Palais d'été, la Grande muraille. Enfin le train l'emmène à Mukden, puis à travers la Corée, vers Fusan où il prend le bateau pour le Japon. À peine débarqué à Shimonoseki, les japonais le suspectent d'être un espion puis le laissent continuer vers Kobe et Yokohama où il retrouve des impressions familières. Il traverse alors par Tsugaru vers Vladivostok, à temps pour voir débarquer les troupes anglaises, précédant des bataillons d'infanterie japonaise, bien entraînés et disciplinés. Il voit passer des troupes canadiennes, inutilement envoyées en Sibérie comme contingent des Forces alliées pour limiter les effets de la révolution bolchevique, puis l'État-major du contingent canadien, avec le général Elmesley. L'intervention des Alliés cherchait à éviter que le Transsibérien ne tombât dans les mains des Puissances centrales. Plus tard il estimera : « Peu d'épisodes de l'histoire canadienne sont aussi étranges que celui de l'intervention militaire canadienne en Sibérie en 1918-1919 » illustrant « l'immaturité canadienne » du moment dit-il, dans les affaires internationales, devant la confusion de la situation de la Russie révolutionnaire que venait de conclure la paix de Brest-Litvosk avec l'Allemagne, sans que les troupes russes ne soient totalement démobilisées ; « Il était certes nécessaire qu'une force disciplinée restaurât l'ordre, car on craignait que des prisonniers allemands et austro-hongrois, relâchés des camps de Sibérie, ne menacent le Transsibérien et les intérêts alliés à l'Est »[3].

Ce fut un échec, de même que les efforts de Wilgress pour trouver des possibilités commerciales. Il ne put que constater la difficulté de développer les affaires durant une telle période et dans l'incertitude des transports en Sibérie, tout en semant les racines pour des opérations ultérieures. Toutefois l'aventure ne resta pas sans lendemains. Il avait loué un appartement à l'épouse russe d'un ingénieur suisse naturalisé russe, dont les sept garçons et les sept filles vivaient avec eux, sans supposer les conséquences déterminantes qu'allait avoir pour lui ce choix. En effet, Leolyn Dana qui entretenait depuis des mois une amitié avec la quatrième fille de sa propriétaire, Olga Buergin, se marie le 4 juin 1919. L'aventure se poursuit naturellement par un voyage – cette fois un voyage de noces – d'un mois au Japon, où les jeunes mariés parcourent les lieux mythiques du pays et de son enfance : Kyoto, Nara, Yokohama, Tokyo, qu'il éprouve une joie profonde à présenter à son épouse. Il découvre la vie dans la *datcha* familiale de ses beaux-parents dans la région d'Amour Bay, d'où il installe le bureau à Vladivostok.

Mais bientôt il est relevé et rentre au Canada par le Japon, à Vancouver puis Montréal. La Banque royale du Canada avait envisagé de lui demander d'ouvrir une succursale étrangère qui publierait régulièrement un bulletin d'information sur les opportunités du commerce étranger. Mais ce genre de vie ne correspondait pas à ses vœux et, après avoir décliné l'offre et recommandé un collègue, ami d'enfance, Graham Towers, qui deviendra le premier gouverneur de la Banque du Canada, il se remit à la disposition du ministre. Il devait seconder le directeur de la Commission canadienne du commerce en Europe, dotée d'un budget important. Sa fonction le conduit alors en Europe : il parcourt la Rou-

---

[3] « Reflections on Russia : Siberia 1919, Kuibyshev, 1943 ».

manie, la Hongrie, l'Autriche et la Tchécoslovaquie ; la mer Noire, Constantinople qui l'émerveille, Milan puis Nice où sa mère passait l'hiver ; Bâle où il installe son épouse chez un oncle en attendant la naissance de Victor, leur premier enfant. Quand il est appelé à Londres où il établit sa famille avec une nurse suisse, il trouve le travail intéressant mais monotone. En 1922 il est nommé à Hambourg, avec compétence en URSS. Des missions en Russie lui permettent de retrouver des connaissances, de constater comment des hauts fonctionnaires se sont reconvertis après la Révolution, et tournés vers l'avenir... Quand Hitler apparaît sur la scène au début des années 1930 et que des amis allemands lui diront qu'il faut attendre ce qu'il va faire, il observera, comme il l'avait fait en Russie auparavant, que les Allemands ne sont pas encore prêts pour l'autonomie (p. 89).

Il est alors nommé directeur du Service des renseignements commerciaux au ministère du Commerce à Ottawa après seize ans de service à l'étranger. Il prend part à la Conférence économique impériale avec les Britanniques ; en 1933, il accompagne le Premier ministre Bennett à la Conférence mondiale à Londres. Bientôt il part de New York pour Plymouth afin d'assister au Jubilée des vingt-cinq ans de règne de George V. Il est introduit auprès des personnalités britanniques au haut Commissariat par le général Georges Vanier[4] et sa charmante épouse (p. 98). Les années suivantes Wilgress participera à de nombreuses négociations commerciales, notamment avec la France.

La guerre de 1939 le trouve à Ottawa au contrôle des échanges extérieurs – le Canada entre en guerre le 10 septembre. En quelques jours, toutes les dispositions bancaires sont prises pour renforcer ce contrôle. En 1940 il est nommé président de la Commission canadienne de la Marine marchande (*Shipping Board*), et sous-ministre du Commerce. Il s'attira des éloges, présenté comme « *perfect civil servant* ». Il était renommé à Ottawa pour sa largeur de vues et apprécié par ses interlocuteurs, notamment des Américains, pour son parler vrai. À l'hiver 1942, revenant d'une conférence américaine en Jamaïque, il est témoin de la réalité de la guerre, au large de la Floride, devant le spectacle d'un bateau coulé par un sous-marin allemand. Il est membre des délégations à des conférences commerciales pour les pays d'Amérique latine, qui lui font parcourir avec une stimulation renouvelée cette région qu'il ne connaissait pas. Il est reçu aux Bahamas par le duc de Windsor qui, après son abdication, tient le rôle de gouverneur d'une petite colonie. Puis, ce sera l'Équateur, le Pérou avec son collègue Escott Reid. Les

---

[4] Le général Georges Philias Vanier (1888-1896) et Madame Pauline Vanier. Cf. chapitre VI, notes 15 et 17.

impressions de la traversée des Andes par chemin de fer, à plus de 12 000 pieds (p. 118). Puis le Chili, Buenos Aires où le ministre des États-Unis et son épouse russe le reçoivent. Mais des signes lui laissaient supposer une prochaine nomination plus conforme à son expérience. Quand on décida d'envoyer un représentant en URSS, d'autant qu'Hitler ouvrait le front russe, Wilgress apparut s'imposer par son expérience. La Russie, où il avait effectué les débuts de sa carrière, l'avait fasciné. Peu de temps après, le ministre lui proposait de le nommer le premier ministre plénipotentiaire canadien en Union soviétique. Il sera ambassadeur deux ans plus tard.

De la Russie à l'URSS

C'est un retour à nouveau en pleine guerre, en Russie où tout devait être mis sur pied : collaborateurs de la mission diplomatique, installation, moyens de fonctionnement. Après un voyage interminable, enfin arrivé en mars 1943, il présente ses lettres de créance au Président du Soviet Suprême, M. Kalinin. Son épouse le rejoint. Dana Wilgress résidait provisoirement avec quatre collaborateurs à Kuibyshev, capitale des années de guerre, à l'est de Moscou. Il avait pour mission d'interpréter les décisions des soviétiques et de comprendre le point de vue russe. Il fut bientôt considéré presque comme le seul observateur occidental en URSS – et aussi le seul à être convaincu que l'URSS était dorénavant motivée par un désir de sécurité, le credo léniniste de la révolution universelle et permanente ayant fait place à l'idéal stalinien de « socialisme dans un pays ». C'était là, estimait-il, une opportunité pour une paix durable, à condition d'établir un système de sécurité international. Il commençait à établir les contacts avec des soviétiques distants et secrets, lorsqu'il reçut du Premier ministre King des instructions sans ambiguïté de prudence, la Grande-Bretagne venant de suggérer au Canada d'élever des protestations après la découverte de charniers à Katyn, en Ukraine, alors qu'elle se gardait elle-même de réagir. La mission canadienne récemment installée ne pouvait assumer les conséquences d'aucune difficulté dans ses relations avec les soviétiques[5].

---

[5] Cf. J.-L. Granatstein. *The Ottawa Men. The Civil Service Mandarins 1935-1957*, p. 234 et ss. L'affaire de Katyn : le massacre de 4 500 militaires polonais en avril 1940 par les Soviets, à Katyn en Ukraine, avait éclaté en 1943. Les Soviets rompirent leurs relations avec le gouvernement polonais en exil à Londres et firent partir de l'URSS sa délégation. La Grande-Bretagne qui ne voulait pas plus réagir que les États-Unis, suggéra au Canada de le faire. Mais le Canada venait d'ouvrir des relations avec l'URSS, Wilgress était arrivé un mois auparavant, en mars, et le Premier ministre King rejeta la requête de la Grande-Bretagne le 5 mai.

Il assiste en avril-juin 1945 à la Conférence de San Francisco, fondatrice des Nations Unies, où la délégation canadienne est conduite par W.L. Mackenzie King, et à laquelle participent : Lester Pearson, Charles Ritchie[6], Escott Reid, et à la cérémonie impressionnante, ouverte par le Président Harry Truman à l'Opéra. Wilgress avait pour mission d'y établir des contacts avec la délégation russe, et il y réussissait. Plus tard, à un dîner officiel de l'assemblée générale des Nations Unies à Londres (p. 146), le ministre Vychinski lui portera un toast comme « ami de l'Union soviétique qui connaît vraiment l'Union soviétique ». Mais son espoir s'effondra bientôt devant les obstructions soviétiques ; il souffrait de voir infirmer ses prédictions au gouvernement dont les révélations sur l'espionnage soviétique, en septembre 1945, montraient les illusions. Un de ses collaborateurs à l'ambassade à Moscou, qui ne partageait pas ses vues, voulut profiter de son absence à San Francisco pour adresser une note au ministère des Affaires étrangères indiquant que les Soviétiques élevaient un « cordon sanitaire » (p. 234) pour empêcher la pénétration des influences de l'Occident, et suggérant que l'Ouest expulse les Soviétiques de l'ONU. Wilgress critiqua le rapport en montrant les risques qu'une telle attitude contenait, et sa contradiction avec le but visé. Il recommandait de traiter avec fermeté mais flexibilité les Russes ; agacé par ceux qui prêchaient la dureté envers l'URSS et la tenaient pour inférieure, il préconisait une politique fondée sur l'alliance anglo-américaine et sur une haute exigence morale.

Cependant, malgré l'estime particulière dont il avait bénéficié en Russie, il subit ès qualités, les conséquences des incidents politiques : notamment la découverte de l'épisode d'espionnage soviétique à Ottawa, l'affaire Gouzenko, qui précipitera le départ de la délégation soviétique, avait refroidi brusquement les relations bilatérales ; il ressent l'effet du refroidissement dans les relations du Canada avec l'URSS. Un jour même, membre de la délégation canadienne à la conférence des traités de Paix avec l'Italie, la Hongrie, la Roumanie et la Bulgarie qui se tient à Paris, où il suit les clauses économiques, il reçoit une violente attaque personnelle de Andrei Vychinski pour avoir proposé une modification du statut de l'Italie à qui il avait cherché à éviter la privation d'une liberté de manœuvre pour plusieurs années. Il quittera Moscou en juillet 1946, quand la situation deviendra intenable, laissant un chargé d'affaires.

---

[6] Cf. Chapitre VI, la description pittoresque de Ritchie.

Retour aux sources

Il participe à plusieurs autres conférences internationales, conduisant la délégation canadienne à la seconde partie de la première session de l'Assemblée générale des Nations Unies, à New York en 1946, secondé par Escott Reid ; puis l'année suivante, à la réunion préparatoire de l'Organisation internationale du commerce, à Genève, qui tentait de lever les barrières dans le commerce mondial et dont il présidait le comité. Il prépare la session de l'ONU à Londres. En 1947, il est envoyé comme ministre en Suisse où en 1949 il achève une thèse de doctorat sur la politique commerciale : « *A New Attempt at Internationalism* ».

En 1949 il est nommé haut-commissaire à Londres où il reçoit Lester Pearson pour préparer la conférence du Commonwealth portant sur la place de l'Inde. Il encourage les efforts déployés pour construire un monde de paix et de progrès, et il apprécie tout ce qui contribue à manifester l'importance de la monarchie britannique. Les visites du président Vincent Auriol, du roi et de la reine du Danemark, de la reine de Hollande l'impressionnèrent – il n'avait jamais vu de toilettes si élégantes des épouses des chefs d'État et des ambassadeurs. Il eut même l'occasion, à plusieurs reprises, de converser avec le roi George VI de son intérêt pour le Canada ; D. Wilgress et son épouse eurent le privilège d'offrir un déjeuner en l'honneur du Roi et de la Reine. Il reçut le général Vanier, ambassadeur du Canada à Paris, et son épouse. Il appréciait le privilège de ces situations et de ces rencontres, et des témoignages d'affection qui caractérisent, dit-il, la force et la solidarité de la famille britannique des Nations (p. 164) – d'autant plus sincèrement qu'il redoutait en général les discours. On notera l'authenticité du témoignage de cet agent qui avait parcouru le monde et connu toutes les situations, dont l'attachement pour le Service et la considération pour les collègues étrangers se traduisent dans l'esprit de ces « Mémoires » : pas une critique, ni arrogance ni condescendance mais toujours l'estime pour les personnes que les événements lui donnaient l'occasion de rencontrer.

Le Conseil qui se préparait à Londres pour la troisième réunion des ministres des Affaires étrangères des douze pays membres de l'OTAN devait examiner la future nature de l'Alliance. Wilgress rencontra notamment Hervé Alphand, qui y représentait la France ; le Conseil désigna trois personnalités – dont Jean Monnet – pour clarifier la question de la compétence politico-économique de l'Alliance. Il observa à la première réunion, en juillet 1950, perturbée par la guerre de Corée, que l'URSS voulait utiliser la force pour atteindre ses objectifs quand il lui semblait pouvoir le faire impunément.

Au printemps 1952, il était appelé comme sous-secrétaire d'État aux Affaires extérieures, le plus haut poste professionnel au Département. De plus, comme le ministre L. Pearson était souvent en mission, Wilgress avait la responsabilité des affaires. Mais l'action lui manquait. Fin 1953, il est envoyé comme représentant permanent du Canada au Conseil de l'OTAN à Paris, succédant à Arnold Heeney. Il rejoint son poste en septembre, traversant à nouveau l'Atlantique sur le « *Homeric* ». Il avait loué à Garches, l'ancienne maison de style britannique, « Les Quatre vents », près du golf de Saint-Cloud, dominant Paris et la vallée de la Seine, qui avait été occupée par l'ambassadeur d'Australie. Dès son arrivée, il entretient des contacts avec le GATT (*General Agreement on Tariffs and Trade*), dont il soutenait la cause pour la réduction des barrières commerciales – et il en est élu président, à la réunion de Genève en octobre 1953. C'est alors qu'il entreprend chaque hiver, avec son épouse, un voyage personnel de découvertes, après la tenue du Conseil de l'OTAN. Leurs choix les conduisent au Maroc, en voiture, où il retrouve chez les Français expatriés des sentiments analogues à ceux des Anglais de Colombie britannique ; il rencontre à Marrakech, le fils du maréchal Lyautey. En 1954, il parcourt la Côte d'Azur ; l'année suivante il découvre l'Égypte, visite le Caire, Louxor, Assouan, où il emmène sa fille de vingt ans ; en 1956, les Îles grecques ; ensuite ce sera la Hollande. Ces voyages privés compensent le caractère relativement casanier de son poste. Quand il rentre à Ottawa en 1958, il se trouve pour la première fois de sa vie, note-t-il, sans rien à faire ! (p. 176).

À distance

Ce voyageur infatigable, pour qui la joie de l'âme est dans l'action, aborde ce qui sera la dernière période de sa vie professionnelle, avec un sentiment d'étonnement devant un manque : « en diminuant », *Tapering off*, intitulera-t-il le dernier chapitre de ses Mémoires. Avant son départ, Paul-Henri Spaak lui avait demandé d'expliquer au Canada les objectifs de l'OTAN. Il savait comme Lester Pearson, que les Canadiens ne ressentaient guère d'enthousiasme à appartenir à une alliance qui n'était que militaire. Il dirige une enquête sur la coopération dans la recherche scientifique chez les membres européens de l'OELE qui le ramène à Paris, d'où il visite les seize pays membres. En même temps président du Comité pour créer l'Institut Atlantique, sous l'impulsion de l'Américain Walter Lippmann, il rencontre diverses personnalités dont le professeur Pierre Uri, auteur d'un texte qu'il apprécie, sur les fondations de la Communauté Atlantique. En 1959 il se rend à l'invitation du gouvernement japonais qui recevait la réunion du GATT à Tokyo, ému de revoir le pays où il avait passé ses premières années. Il rédige un article concernant « *The Impact of European Integration on Canada* » – présentant des arguments différant sensiblement de ceux invoqués ordinairement contre l'attitude de l'Angleterre envers le Marché commun. Ce texte suscitera l'intérêt, davantage que son autre rapport sur « L'approche canadienne pour les négociations commerciales ». Il est alors membre du Conseil Permanent de la Défense « *Permanent Joint Board on Defence* ». En 1964, Wilgress conduit à nouveau la délégation canadienne à la réunion à Genève de la Conférence des Nations Unies sur le commerce et le développement. Cette fois cent vingt pays étaient représentés à cette large réunion centrée sur les questions du GATT. La France et la Grande-Bretagne flirtaient avec l'idée de l'extension des préférences, observait-il, mais les États-Unis demeuraient fermes dans leur opposition aux discriminations tarifaires.

Mais en septembre, il subit la première alerte importante pour sa santé, victime d'une attaque qui l'immobilisera sept semaines à l'hôpital. Son état se dégradant, il abandonne en 1966 la poursuite de ses activités. Lester Pearson, Premier ministre, en acceptant sa démission, lui témoigne alors sa « gratitude » et celle du Gouvernement « pour votre grande contribution au Canada [...] Le Canada n'a eu aucun haut fonctionnaire plus distingué et cela a été un privilège auquel je serai toujours attaché, d'avoir travaillé comme collègue avec vous » (p. 190).

Wilgress conclut ses *Mémoires* de diplomate par un regard sur son parcours et la connaissance du monde que sa vie de voyage lui apporta : « Ce fut une vie passionnante ». Il trouve une consolation dans sa famille et dans les souvenirs heureux des lieux où il vécut. Quand il regarde en arrière, dit-il, « ce ne fut ni Londres ni Paris ni Moscou qui évoquent les souvenirs les plus heureux, mais Vancouver (lorsque c'était une petite ville), Yokohama, Omsk, Vladivostok, Dubrovnik et par-dessus tout, Genève ». Leolyn Dana Wilgress s'éteignit le 21 juillet 1969.

Témoin des guerres, acteur des fondations

Sa carrière traverse la première moitié du XXe siècle, couvrant les deux guerres mondiales et les ébranlements qu'elles provoquèrent. Non seulement il observa tous ces événements mais il y tint un rôle actif, participant à la préparation des décisions et côtoyant les plus hautes personnalités du siècle. Il fut témoin de la fondation des grandes institutions : les Nations Unies, la Banque mondiale et le Fonds monétaire international, l'OTAN, le GATT. Il est devenu, au cours de ses missions où il fut le premier représentant du Canada en Russie, un éminent spécialiste de ce pays dont il apprit la langue... et où il se maria. Il fonda, peut-on dire, les relations entre le Canada et la Russie. Il présentait les Russes comme obsédés par leur sécurité et guère acharnés à exporter leur révolution, et il recommandait la prudence et la modération à leur égard. Toutefois ses vues ne correspondaient pas à l'analyse officielle, dans le cadre de la création de l'OTAN, et elles furent fragilisées par des événements qui en démentirent l'optimisme. Il reste qu'il fut « l'un des diplomates les plus efficaces à l'étranger [...] membre respecté du ministère des relations extérieures »[7].

Ses rapports étaient reconnus comme des modèles d'intelligence commerciale[8], portant sur des questions les plus variées où la précision de l'image éclaire les informations techniques – par exemple sur le marché du Danemark pour les pommes canadiennes, le type de moteur de bateau le plus populaire chez les pêcheurs turcs, le marché allemand du poisson, le miel canadien, les conditions du commerce en Allemagne, etc. Il rédigea bien d'autres articles et textes pour les Conférences, par exemple : « *The Atlantic Alliance* »[9], « *Western Foreign Policy* », conférence donnée au collège de Défense nationale ; « *Opportunities for Canadian Industry in Export Trade* », pour la réunion annuelle de l'association des Industries canadiennes le 4 juin 1963 à Toronto, avant la Conférence mondiale du Commerce, où il exprimait sa confiance dans le dynamisme de l'industrie canadienne ; « *The shape of things to come. China's advance in Science* », qu'il conclut : « *This is the significance of China's advance in Science. It bears watching because it will be a key to "the shape of things to come"* ». Wilgress avait entrepris un autre ouvrage, demeuré inédit : *Moscow through the years*, dont quatre chapitres sont ébauchés : « *Reflex to nostalgia* » ; « *Before the Revolution* » ; « *Sight-seeing in Moscow* » ; « *A story of steady expansion* »[10].

Analyste prospectif

Plusieurs de ses études concernent essentiellement les relations du Canada avec l'Europe et les conséquences de l'intégration, notamment la coopération – dans la recherche scientifique et technique en Europe (1960), les conséquences de l'intégration européenne pour le Canada (1962), les négociations commerciales du Canada (1963).

---

[7] Granatstein, *The Ottawa Men*, op. cit., p. 226-227. Hilliker, *Le ministère des Affaires extérieures du Canada*, op. cit., II, p. 86, 101.

[8] *Commercial Intelligence Journal*, 1926-1928 du Canadian Trade Commissioner. ANC, carton MG, 31-E9.

[9] Respectivement 23 pages et 15 pages en anglais. ANC, Wilgress, carton MG, 31-E9.

[10] ANC, op. cit.

Son rapport en français sur les résultats de l'enquête qui lui avait été demandée en tant que consultant par le Secrétaire général de l'Organisation européenne de coopération économique (OECE), « Coopération dans la recherche scientifique et technique », avait été documenté par des missions dans les pays concernés : Pays-Bas, Danemark, Suède, Norvège, Suisse, Italie, Belgique, RFA, Royaume-Uni, Irlande et France, pays membres qu'il connaissait pour la plupart, et qu'il compléta en se rendant en Yougoslavie, en Grèce, en Turquie, en Autriche, au Portugal et en Espagne. Il devait examiner les mesures adoptées ou envisagées dans ces pays afin de renforcer leurs moyens scientifiques et techniques, et proposer des mesures visant à accroître les ressources correspondantes et à rationaliser leur mise en œuvre. Son constat de départ en 1960 est qu'« une grande partie de la population des pays d'Europe occidentale n'a pas encore pris conscience de toutes les conséquences de la révolution scientifique », et à travers l'hétérogénéité de leurs situations que ces pays ont dorénavant à effectuer la mutation qui doit leur permettre de « conserver leur culture unique tout en opérant les transformations qu'exige le progrès moderne » (p. 11). Il insiste sur « l'importance de la collaboration » entre institutions scientifiques dans l'interdépendance des économies – ajoutant : « Aucun pays d'Europe occidentale ne pourra se soustraire aux conséquences qu'aurait le déclin de l'Europe dans l'économie mondiale ». Ainsi la « nécessité d'intensifier l'effort scientifique » dont on commence seulement à prendre conscience en Europe, dit-il, se précise par ses relations avec l'économie : « C'est manifestement l'application plus résolue de la science à l'expansion économique qui permettra d'éliminer ce danger » de déclin (p. 13). Il évoque les réalisations effectuées par l'URSS et, à venir, celles de la Chine, et il énonce une mise en garde, car si « c'est en Europe occidentale qu'ont eu lieu la plupart des grandes découvertes scientifiques », néanmoins « dans la course au progrès scientifique, les pays du Continent européen n'ont relativement pas progressé depuis une vingtaine d'années, tandis que l'URSS et l'Amérique du Nord prenaient une avance considérable » (p. 14) – du fait des structures et des mentalités, qu'il s'agit de faire évoluer. Il lui apparaît essentiel d'améliorer la qualité et d'augmenter l'effectif des chercheurs et des ingénieurs (p. 16). Pour cela, la confrontation des expériences et des réalisations s'avère féconde ainsi que les liens à établir, notamment dans les universités, entre la recherche et le monde économique et industriel. Au total, le rapport de Dana Wilgress préconise l'élaboration par chaque pays, d'une politique scientifique nationale, de l'équilibre entre recherche fondamentale et recherche appliquée, à développer en liaison avec les entreprises. Il faut en même temps que la sphère politique tienne la recherche pour une priorité nationale, que « les Gouvernements considèrent des dépenses consacrées à la Science comme une forme d'investissement national », et que le contrôle bureaucratique ne vienne pas compliquer ou retarder sa mise en œuvre (p. 28).

L'étude concernant la pratique canadienne des négociations commerciales « *Canada's Approach to Trade Negotiations* » fut publiée en mai 1963 par le *Canadian Trade Committee*[11]. Après un rappel des objectifs historiques de la politique commerciale et du multilatéralisme d'après-guerre – notamment du GATT et des frictions entre le Canada et les États-Unis – elle examine les négociations tarifaires de l'époque sous le régime du GATT et désigne les implications politiques pour le Canada. Elle conclut en soulignant les choix que le Canada devra effectuer dans l'avenir. Une perspective historique rappelle le partage des opinions sur la question du tarif, et qu'on en était venu à mettre l'accent sur la négociation d'agréments commerciaux avec d'autres pays : la politique commerciale devait dorénavant être appréciée non plus seulement du point de vue canadien mais également du point de vue international. Durant la minorité du Canada, la politique commerciale visait à assurer les avantages commerciaux aux deux principaux marchés pour ses marchandises : la Grande-Bretagne et les États-Unis. L'adoption d'une liberté commerciale avec l'interruption des lois sur les céréales par la Grande-Bretagne en 1846 atteignit la fragile économie canadienne qui bénéficiait d'une position privilégiée sur les marchés britanniques. Lord Elgin obtint en 1854 un traité de réciprocité limitée avec les États-Unis dont l'abrogation en 1866 nuisit à l'économie naissante du Canada. Mais le Canada veillait à ne pas laisser fragiliser sa politique nationale, et en 1897 il réintroduisit les préférences britanniques.

Pendant la Seconde Guerre mondiale, les États-Unis avaient conduit une campagne contre les préférences tarifaires soutenues par la Grande-Bretagne. Les États-Unis, la Grande-Bretagne et le Canada préparèrent alors le terrain en vue de réaliser l'organisation du commerce mondial. Les accords de Bretton Woods de 1944 et la Banque Mondiale (*International Bank for Reconstruction and Development*) contribuèrent à réguler les échanges monétaires et on envisagea de créer l'organisation internationale du Commerce. Puis ce fut le GATT. En décembre 1945 des négociations eurent lieu en faveur d'un prêt à la Grande-Bretagne, et un accord financier Anglo-américain fut signé. Les relations Canado-américaines connurent des frictions à partir de 1953 avec l'arrivée d'une administration républicaine aux États-Unis, favorable au protectionnisme. Puis la situation fut compliquée par la nécessité pour la Grande-Bretagne de concilier les intérêts du Commonwealth avec ceux de

---

[11] Association créée en 1961 pour étudier les questions de politique commerciale.

l'Europe. Ainsi le Canada se trouve-t-il devant un choix : quelle part – active ou passive – le Canada, l'un des membres créateurs du GATT, prendra-t-il aux négociations sur les questions tarifaires ? Wilgress commente : en réalité, y accepter un rôle passif serait une faute (p. 63) pour un pays qui a un rôle important à tenir dans les relations du Commerce international.

Les échanges, facteurs de paix

À travers tous les postes où il servit, Wilgress fut animé par la conviction que les nations vivent et se développent par les échanges commerciaux plus que par la conquête, et qu'elles sont plus véritablement elles-mêmes lorsqu'elles répondent à leurs besoins mutuels, instaurant des échanges sans peur ni haine sur les marchés d'un monde en paix, comme ce fut dit lors de sa présentation pour le doctorat *honoris causa* de l'Université de Vancouver en 1953.

L'apologie du voyage qu'illustre sa vie de représentant commercial et politique de son pays, à la découverte des marchés, traduit cette conviction des liens bénéfiques à établir entre les nations, fondés sur la liberté et la réciprocité. Toute sa vie fut enchantée par la découverte renouvelée de la diversité des cultures stimulant chez ce diplomate une intelligence qui ne se limitait pas aux Services commerciaux. Elle enrichissait sa vision des relations internationales dont il eut la joie de participer à des moments historiques majeurs, avec la fondation des Nations Unies et la création des institutions multilatérales d'après-guerre.

Son style est simple et factuel, parsemé de légères allusions humoristiques, ni recherché ni celui d'un homme de lettres dont il ne prétendait pas revêtir l'apparence. Mais sa culture personnelle et son sens des cultures lui permettaient d'apprécier leur diversité dont le parcours le passionnait tant. Lorsqu'il reçut le doctorat *honoris causa* de l'Université de Colombie britannique à Vancouver, le 19 mai 1953, le Président qui le recevait cita opportunément : « un célèbre poète » – c'est-à-dire Rudyard Kipling – dont les mots caractérisent au mieux le style de Wilgress :

« My speech is clean and single,
I talk of common things.
Words of the wharf and the market-place
And the ware the merchant brings »[12].

---

[12] ANC, *op. cit.* Il citait le poème « *Our Lady of the Snows* », de Rudyard Kipling (1897), l'année du Jubilé de la reine Victoria, dont les premiers vers mettent cette

Diplomates écrivains du Canada

L'attitude de L.D. Wilgress se retrouve bien dans les vers de Shakespeare où le diplomate retrouvait l'esprit de sa vie en concluant son étude *Canada's Approach to Trade Negotiations*.

There is a tide in the affairs of men,
Which, taken at the flood, leads on to fortune ;
Omitted, all the voyage of their life
Is bound in shallows and in miseries.
On such a full sea are we now afloat,
And we must take the current when it serves,
Or lose our ventures[13].

---

déclaration sur les lèvres du Canada : « *A Nation spoke to a Nation / A Queen sent word to a Throne / Daughter am I in my mother's house / But mistress in my own* ». Je dois à Christine Hantusch d'avoir retrouvé le poème du « poète célèbre ».

[13] Shakespeare, *Jules César*, Acte IV, scène II ; paroles de Brutus : « Une marée gouverne les affaires des hommes / Il faut saisir le flux qui mène à la fortune / Faute de quoi, tout le voyage de la vie / Échoue sur les bas-fonds et les misères / Aujourd'hui nous voguons au sommet de la houle / Et devons saisir le courant tant qu'il nous sert / Ou perdre nos vaisseaux ». Shakespeare, *Œuvres complètes, Jules César*, trad. Jérôme Hankins, Pléiade I, Gallimard, Paris, 2002, p. 624-625.

CHAPITRE III

Jean Bruchési
ou la culture de la représentation

Jean Bruchési est né à Montréal le 9 avril 1901. Il fait ses études secondaires au collège Sainte-Marie. Licencié en droit, docteur en sciences politiques de l'Université de Montréal, il suit à Paris les cours de l'École libre des Sciences politiques, de l'École des Chartes, et de Lettres à la Sorbonne. Retourné au Canada, il enseigne l'Histoire et les Sciences politiques à l'Université de Montréal, de 1929 à 1937, puis il est nommé sous-secrétaire de la province de Québec. Il est élu membre de la Société royale du Canada en 1940 dont il deviendra le Président. En 1959, il entre dans la carrière diplomatique comme ambassadeur du Canada, successivement en Espagne et au Maroc, ensuite en Argentine, accrédité en Uruguay et au Paraguay. Il effectue alors diverses missions extraordinaires au Vatican, en Côte-d'Ivoire, en Haute-Volta et au Niger.

Jean Bruchési fut historien et essayiste, en même temps qu'homme d'action. Son œuvre correspond aux trois facettes de sa carrière : professeur d'université et directeur de revue littéraire, sous-ministre au Secrétariat de la Province de Québec, puis ambassadeur du Canada. Il a publié de nombreux ouvrages, d'une part des souvenirs de sa vie diplomatique, de l'autre des analyses sur l'histoire du Canada et, en particulier, du Canada français suivant son goût pour les études historiques, les rencontres et les voyages. Il a commencé dès l'âge de 28 ans, des premiers souvenirs de l'Europe et de la France : *Jours éteints* (1929), *Voyages... Mirages...* (1957), à ceux du diplomate : *Souvenirs à vaincre* (1974), *Souvenirs d'ambassade* (1976), aux analyses historiques : *Canada, réalités d'hier et d'aujourd'hui* (1948), *Témoignages d'hier. Essais* (1961). Il est décédé en 1979.

Attaches et références du Canadien français

Il tint de bonne heure à fixer ses premières observations à l'occasion de son voyage et de ses études en France. Son premier recueil *Jours éteints*, publié en 1929 comme une « contribution à la Faculté des Lettres de l'Université de Montréal », relie déjà pour lui le Canada et la France. Il avait pour objet, dit l'« Avis au lecteur », de « fixer quelque fait, quelque figure et paysage », et de permettre de « compléter le tableau de la vie canadienne en France, à une certaine époque ». Parmi d'autres figures, il cite Maurice Barrès, « un maître » qui « étudiait son moi avant de devenir un chef », Mgr. Baudrillart, recteur de l'Institut catholique de Paris, en visite à Québec pour les fêtes du « Parler français », Paul Claudel dont il évoque le passage à l'école libre des Sciences politiques à Paris – rappelant des étapes de la carrière du diplomate écrivain, il souligne sa « mystérieuse figure » où la langue « étrange », la mine « rébarbative » laissent passer « une âme faite de délicatesse, de sensibilité et de force », comme « pour accentuer le contraste entre l'esprit et l'aspect matérialiste de notre époque » chez celui qui, comme Péguy, « son frère spirituel, n'aimait pas l'époque où il vivait ». Il le voit comme « un écrivain de la volonté », « un mystique échappé du Moyen-Âge » (p. 233-236) dont « toute l'œuvre dramatique et lyrique est un acheminement vers Dieu », selon l'expression de Georges Duhamel.

D'autres figures évoquées au rythme des souvenirs de ses années heureuses à Paris, où il s'agissait de faire vivre le Canada dans les lieux où elles avaient vécu, renforcent son sentiment d'appartenance au lien entre les deux pays. Il se souvient de Firmin Roz qui dirigea la Maison des étudiants canadiens à la Cité universitaire, en face du parc Montsouris, de la Sorbonne où les conférences des professeurs canadiens marquaient plus qu'une étape, un retour : les cours d'Édouard Montpetit dans la salle Richelieu, « chez Richelieu », en 1925, ou ceux du chanoine Chartier dans l'amphithéâtre Descartes, « chez M. Descartes » ; ou encore la réception de Camille Jullian à l'Académie française. Ces souvenirs ponctueront déjà la vie de Bruchési qui en poursuivra la collection en choisissant thèmes, voyages et lieux qui leur donnent forme.

Voyages... Mirages..., publié en 1957, juxtapose des images du Canada français : « Les étés de Boucherville », « Découverte de la Gaspésie », « Aux îles de la Madeleine » et l'évocation de sa découverte de la France : « Mon premier tour de France », « Étudiant à Paris », « De l'Académie française au Palais de Justice », « De Paimpol à Vichy », « Le souvenir de Jeanne d'Arc » – qui témoignent de l'attachement des Canadiens à la France, encore rêvée comme « la Mère patrie », et dont un brave homme de Boucherville avait dit à l'auteur, qui conclut sur ses mots : « Voyez-vous, la France est encore bien trop belle pour mourir » (p. 236).

Le Canada et la culture nationale

Les mémoires choisis de la vie personnelle et politique du diplomate abondent dans les deux ouvrages : *Souvenirs à vaincre* et *Souvenirs d'ambassade*. Il se place sous le patronage d'Alain, dans l'introduction de *Souvenirs à vaincre* (1974), pour reprendre en l'inversant son jugement selon lequel « l'artiste doit vaincre le souvenir de façon à l'inventer aussi bien que le reste » – car il n'a rien à inventer, dit-il, et ne se prend pas pour un artiste. Il est conscient, en ce milieu du XXe siècle, du problème spécifique que le Canada porte en son sein et qu'il lui appartient de résoudre. Il en trouve l'illustration dans la question : comment soutenir, alimenter culturellement les Canadiens-français dispersés, isolés dans la partie anglophone du pays ? « Les compatriotes francophones un peu instruits que je rencontrai à Victoria, comme à Vancouver, à Edmonton, à Calgary ou à Gravelbourg ; le drame des familles françaises jetées pour ainsi dire sans chefs, sans élite, au milieu de concitoyens d'autre langue ou d'autre croyance » (p. 129). Comment éviter les ostracismes, bénéficier de toute la richesse culturelle de l'histoire ? Cette inquiétude et le sentiment de l'urgence d'une réponse lui avaient été confirmés lors d'un voyage dans l'Ouest. À la réunion annuelle de la Société royale du Canada, le 31 mai 1954, à Winnipeg, Jean Bruchési quittant ses fonctions de Président, analysait directement, dans une conférence bilingue, « l'aspect culturel du grand problème à résoudre » qu'il formulait ainsi :

> On a dit du Canada qu'il était un réservoir d'idées civilisatrices dans un monde tourmenté. Ces idées civilisatrices, nous les avons puisées dans le patrimoine européen, à deux sources principales : l'anglaise et la française qui, toutes les deux, à des degrés divers, doivent le meilleur d'elles-mêmes à la Grèce et à Rome. Nous y avons ajouté notre apport, avec le temps et sous l'influence plus ou moins prononcée du milieu physique, social et politique dans lequel nous avons grandi, sans oublier l'influence que le voisinage des États-Unis, pour le bien comme pour le mal, a pu exercer sur nous. Deux cultures se sont ainsi développées au Canada, côte à côte, parfois même en opposition l'une à l'autre, trop souvent, en tout cas, dans l'ignorance l'une de l'autre. Elles ne se sont pas amalgamées, intégrées, fondues au point de ne former plus qu'une seule culture […]. Notre culture canadienne, si tant est que nous en reconnaissons une, n'est pas franco-anglaise ou anglo-française : elle est française et elle est anglaise (p. 130)[1].

---

[1] *Procès-verbaux de la Société royale du Canada*. Troisième série : volume XL. VIII ; juin 1954, p. 43.

Le problème d'une culture nationale qu'il posait ainsi à sa manière se retrouve dans les interrogations et les analyses de la plupart de ses collègues de formations et de références culturelles diverses, au long du XXe siècle. À partir de la reconnaissance de la double origine historique d'une culture, de ses sources anglaise et française, il s'inquiétait car, constatait-il, « la source française était gravement menacée » (p. 131). C'est pourquoi, la volonté de vivre de ce peuple depuis les origines, qui animait « de trop rares chefs d'une masse de francophones plus ou moins amorphes », dit-il, le justifiait dans son action politique. Bruchési quittera le Secrétariat de la Province de Québec en 1959 pour entrer dans une nouvelle phase de sa vie professionnelle, comme diplomate, dont il ne manqua pas de livrer ses souvenirs.

Nouveau diplomate : information et représentation

Souvenirs d'ambassade (1976) expose des pans de la vie quotidienne du diplomate en poste, de l'Espagne au Maroc puis en Argentine, ponctuée de missions spéciales au Vatican et dans plusieurs pays du continent africain, avec ses pensées, mêlées aux récits des rencontres, généralement les plus officielles, qui le marquèrent, où il eut davantage à informer ses interlocuteurs sur le Canada qu'il représentait qu'à négocier.

L'ouvrage commence en 1958, sous le Premier ministre John George Diefenbaker. Conservateur par tempérament mais sans affiliation politique, Bruchési n'était pas inconnu de l'entourage du Premier ministre pour ses travaux historiques et ses conférences, et il n'hésita pas à lui déclarer, lors d'un entretien, qu'il souhaitait un poste diplomatique. Bientôt nommé ambassadeur en Espagne, il débarque à Madrid le 15 juin, après un périple de Gênes à Barcelone. Il y trouve une splendide résidence dans une capitale sensible au faste, où le régime du général Franco cherchait à se faire reconnaître comme démocratique. Il présente, après trois semaines, ses lettres de créance signées par la reine Elizabeth II à l'adresse de son « Très cher et Grand Ami ». Le Canada avait reconnu depuis 1939 le gouvernement du général Franco mais n'avait envoyé un ambassadeur en Espagne, le général Pope, qu'en décembre 1953. Le Caudillo considérait le Canada comme « un interprète idéal entre l'ancien et le nouveau monde » (p. 35), par ses attaches européennes et ses traits américains. Pourtant la cordialité de l'entretien ne suffit pas pour obtenir le prêt de précieux tableaux des musées espagnols, espéré pour l'inauguration de la Galerie nationale du Canada – la conservation résista au politique. En 1964 Bruchési entendra le Caudillo évoquer « l'évolution accélérée de l'Espagne » poussée par « le rôle grandissant de masses désireuses d'avoir leur part de bien-être économique et de justice sociale » – selon les termes rapportés par l'ambassadeur ; il concluait sur l'importance « de sauvegarder les valeurs morales et spirituelles dont dépend l'avenir de notre monde » (p. 130).

Après une visite à Barcelone, Bruchési ne manque pas de suggérer dans ces « Mémoires » – à travers l'écart et la concurrence de la métropole avec Madrid – un parallèle entre la Catalogne et le Québec, en s'interrogeant sur le fédéralisme que l'Espagne n'a pas encore réalisé : « Le Catalan est l'homme qui travaille […] il a l'esprit européen, ignore la xénophobie, s'intéresse aux choses de l'esprit, aux beaux-arts sous toutes les formes », ce qui explique pourquoi « il combat la centralisation administrative qui serait pratiquée par et au profit de Madrid » (p. 54). Mais l'ambassadeur du Canada conclut : « le monde s'est rapetissé. Dans une Europe qui l'est tout autant, l'union s'impose, qui n'est pas obligatoirement synonyme de fusion […]» (p. 55). De Barcelone, ville musée autant que ville moderne, qui l'enchante, il visite l'Espagne en esprit cultivé qui reconnaît des traces de l'Histoire, des Romains aux Arabes. Malgré les affaires il prépare la publication de souvenirs, prématurément intitulés *Témoignages d'hier*, ainsi qu'un ensemble d'études historiques. Il se passionne pour la rencontre de l'histoire des deux pays, comme on le fait pour en comprendre pleinement les relations ; il trouve le temps de poursuivre des recherches et de fréquenter les archives du ministère des Affaires étrangères espagnol où il découvre des inédits de l'ancien consul espagnol au Canada : Premio-Réal de Lavalle, diplomate-poète ; il accepte de devenir membre de la « Société des Dix » au Canada.

En octobre 1962 il assiste à Rome à l'audience que le Pape Jean XXIII, « paternel et souriant, alerte et vigoureux », accorde aux délégations étrangères, dans la Chapelle Sixtine. Le Pape s'exprime en français, incitant les diplomates à travailler pour la paix et la charité entre les peuples (p. 83).

En 1963, une tournée africaine le conduit en Côte-d'Ivoire « l'un des États le mieux organisé ou le moins sous-développé du continent africain » (p. 89), dont une brève analyse s'appuie sur une description du Plateau, quartier des affaires, pour aboutir le long de la lagune, à Cocody, où s'élèvent la plupart des résidences diplomatiques et le fameux hôtel « Ivoire ». Parmi les invités du président Houphouët-Boigny, au cours de réceptions étonnamment fastueuses, il rencontre entre autres, le ministre Michel Debré, l'abbé Fulbert-Youlou, président du Congo Brazzaville, qu'un huissier avait pris pour une religieuse.

Accrédité au Maroc, Jean Bruchési présente ses lettres de créance au souverain qui le reçoit en djellaba blanche, avec un cérémonial impressionnant : « dans un français élégant et doux, appris à Bordeaux »,

Hassan II lui témoigne son estime pour le Canada « qui n'exerce aucune politique colonialiste... qui vient en aide à ceux dont les besoins sont réels dans une attitude d'humilité, avec modestie », ajoutant que le Canada pouvait « se glorifier d'être l'un des grands États du monde, voire au premier rang des nations modernes, mais qu'il ne prenait pas plaisir à le proclamer » (p. 111).

Bientôt nommé en Argentine, Jean Bruchési débarque à Buenos Aires en septembre 1964. Il découvre la ville de cinq millions d'habitants, capitale culturelle, offrant des ballets, l'Opéra, des concerts, dont la francophonie s'exprime dans une exposition de livres et de la presse, quelques jours avant la visite officielle du général de Gaulle, le 3 octobre, venu intensifier les relations culturelles avec l'Amérique latine. L'ambassadeur retournera en 1967 en Uruguay et au Paraguay – où il était aussi accrédité – et où il s'était rendu à plusieurs reprises depuis son arrivée ; il analyse les difficultés économiques de l'Uruguay, cette « malheureuse Suisse australe ». Mais il dut rentrer plus tôt que prévu à Ottawa, car les événements s'étaient accélérés avec la distance mise entre Ottawa et Paris par le ministre Paul Martin, après la visite du général de Gaulle au Québec et son discours au balcon de l'Hôtel de Ville de Montréal, mais aussi du fait des projets de nominations de diplomates par le ministre Pearson, et même de l'intérêt manifesté par Robert Choquette[2] – rapporte Bruchési – pour le poste. Il quitte à regret le pays auquel il s'était attaché, en souhaitant qu'il évolue dans le sens de la discipline et de la ténacité au travail (p. 176)[3].

Revenu à Ottawa où son ancien élève Marcel Cadieux[4], sous-secrétaire d'État adjoint, « s'était rapproché de la tête » (p. 176), Bruchési devait prévoir « une retraite fatale » sept mois plus tard. Il s'emploie alors à ranimer ses relations littéraires et universitaires, et en 1968, il est « recueilli » par le Département d'Histoire de la Faculté des Arts, à l'Université d'Ottawa. Ce retour reconnaissait de façon appropriée le lien naturel de l'homme de lettres et de l'ancien diplomate dont les travaux historiques étaient reconnus. Il n'avait jamais négligé son

---

[2] Cf. chapitre. V.

[3] On retrouve ces *Souvenirs* comme un témoignage de première main sur des rencontres officielles personnelles de l'ambassadeur avec des chefs d'État et diverses personnalités politiques et littéraires, rapporté dans un style alerte et limpide qui rend le détail qualitatif pittoresque et l'allusion évocatrice. Il s'agit notamment des portraits et de la narration des circonstances qui leur ont donné lieu sous un regard non dénué d'une pointe d'humour : Franco, p. 34, Jean XXIII, p. 83, Hassan II, p. 110, de Gaulle, p. 135-139.

[4] Cf. chapitre IV.

centre d'intérêt permanent pour l'histoire, particulièrement l'histoire du Canada.

La réalité canadienne : naissance d'une personnalité

Bruchési avait montré son talent d'historien clair et suggestif dans son ouvrage *Canada. Réalités d'hier et d'aujourd'hui*, en 1948, qui devait faire l'objet de plusieurs rééditions. Préfacé par l'éminent historien de la philosophie Étienne Gilson, il fut couronné par l'Académie française en 1949. Cette « Histoire du Canada » de 350 pages, expose l'ensemble de la création du pays depuis Jacques Cartier, et les « rêves d'empire », analysant en même temps ce qui, aux yeux de l'auteur, marque et constitue la société canadienne : « Christianisme et civilisation », les luttes des deux peuples et l'union des deux Canada. Il présente la réalité du pays à travers son économie et son appartenance au continent américain, ses relations avec les Nations britanniques et son engagement dans les deux guerres mondiales, pour s'achever par une réflexion sur « La nation canadienne ».

Dans la Préface, Étienne Gilson qui vint lui-même à Montréal pour donner des conférences, évoque celles de Jean Bruchési à la Sorbonne au printemps 1948 portant sur l'histoire du Canada. Il y trouve l'illustration de la vérité épistémologique selon laquelle « la vertu de l'histoire » consiste à « choisir les faits significatifs et à les situer dans une perspective qui en découvre la valeur exacte », afin de donner à comprendre les événements ; une telle « objectivité exerce une vertu purificatrice » ; puisqu'il s'agit de « comprendre afin de faire comprendre ». Grâce à elle « une grande paix descend sur eux dans la lumière de la raison ». Ainsi on pourrait lire les travaux historiques sur le Canada comme l'illustration de l'idée générale qu'« en présence de circonstances analogues, il y a une certaine constance dans la manière dont les hommes usent de leur liberté » (p. 11). Le cœur de la réflexion tient à la conscience ancienne par les Canadiens eux-mêmes de leur réalité propre – « les premiers enfants des premiers français venus au Canada étaient déjà des Canadiens » (p. 12). Le pays, dorénavant souverain, constitue une entité nouvelle par rapport à celui dont provenaient les ancêtres de ses fondateurs.

L'analyse historique vise à donner sens à l'évolution dont elle dégage la signification politique. Le rappel que Bruchési donne de ses jalons confirme le sens de l'émergence de la diplomatie canadienne[5]. La Fédération, déclarée le 1er juillet 1867, constatait la naissance de l'entité canadienne, qui ne se considérait plus comme une colonie. Mais ce

---

[5] Cf. notre Présentation.

dominion n'est pas encore de pleine autonomie diplomatique. Seuls les diplomates britanniques préparaient, pour le compte de l'Angleterre, les traités déterminant les droits du Canada – ainsi dans les négociations sur les Grands lacs avec les États-Unis, ou pour le tracé des frontières entre le Maine et le Nouveau-Brunswick, ou encore pour le traité de réciprocité commerciale négocié par le gouverneur général Lord Elgin entre la Grande-Bretagne et ses colonies, même si le Canada avait déjà obtenu la maîtrise de son tarif et de ses douanes. L'auteur souligne qu'en 1865, Londres accepta qu'une délégation canadienne participât à la négociation pour son renouvellement. Mais ces colonies n'étaient toujours pas considérées comme des personnes juridiques de droit international. Bruchési rappelle que le Canada fut, de fait, reconnu comme Nation, de par son rôle dans la Grande guerre, à laquelle il avait décidé de participer non seulement comme membre du Commonwealth mais comme étant solidaire de la Grande-Bretagne. Après la Première Guerre mondiale, Sir Robert Borden obtint un siège à la conférence de la Paix – et dans la future Société des Nations une délégation propre et le droit de signer les traités. La question de la pleine reconnaissance du Canada comme identité juridique capable de déléguer des représentants à l'étranger, demeura longtemps posée car il s'agissait de savoir comment une politique extérieure canadienne se concilierait avec celle de la Grande-Bretagne sans se confondre avec elle. Comme disait Robert Borden, cité par Bruchési : « Si la politique future de l'empire britannique signifie l'alliance avec un pays européen contre les États-Unis, cette politique ne peut recevoir l'appui du Canada ». L'auteur résume cet impératif, qui relevait de la conciliation des opposés, du moins des différences : « Etre en même temps britanniques et eux-mêmes : tel était le problème que les Canadiens avaient à résoudre au lendemain de la Première Grande Guerre [...], moins aigu en 1920 qu'il ne l'est devenu depuis » (p. 229).

Bruchési rappelle l'autre terme de la question puisque, tout membre du Commonwealth qu'il demeurait, le Canada « était également sinon d'abord, pays d'Amérique » : il devait donc tenir compte de la réalité américaine. Le Canada affirmait sa propre conception des relations internationales, qui tenait d'une part à sa situation géopolitique comme voisin mitoyen des deux grandes puissances du monde, les États-Unis et l'URSS, d'autre part à la richesse de ses traditions culturelles britannique et française, qui l'attachaient au vieux Continent, enfin à l'absence de guerre. Comme le dit le sénateur Raoul Dandurand, délégué du Canada à l'Assemblée de la Société des Nations : « Les Canadiens habitent une maison à l'épreuve du feu et ils ne désirent pas payer des primes élevées contre l'incendie »[6]. C'est pourquoi le Canada demeura réticent vis-à-vis des contrôles internationaux politiques ou économiques, mais il défendit l'idée et la pratique de l'arbitrage. C'est aussi pour cela qu'en mars 1939 le Premier ministre W.-L. Mackenzie King s'inquiétait que le Canada prît encore part à une guerre internationale où il n'était pas impliqué lui-même sur son territoire et dans ses intérêts matériels – pourtant le 10 septembre, le pays se trouva en guerre contre l'Allemagne nazie, huit jours après la décision de l'Angleterre, et il participa héroïquement à la libération de la France et de l'Europe. Depuis la conférence de San Francisco, fondatrice de l'ONU, le Canada a occupé un siège au Conseil de Sécurité des Nations Unies et à la Commission de l'énergie atomique. Bruchési rappelle que son pays tient, avec succès, un rôle de conciliateur, par exemple au sujet de la Palestine, de la Corée. Il se savait capable, dès l'entre-deux-guerres, mais *a fortiori* depuis la Seconde Guerre mondiale, de définir et de conduire sa politique extérieure – à l'inverse de ce que Lord Halifax, ambassadeur de Grande-Bretagne aux États-Unis[7], avait déclaré après la guerre, mais conformément aux indications du Premier ministre Saint-Laurent en mars 1947, qu'il ne devait plus être dorénavant « le simple instrument d'une politique étrangère faite par d'autres que par lui » (p. 268).

Bruchési n'omet pas, dans les relations internationales du Canada, son lien permanent avec l'Église catholique « la seule internationale qui tienne », dit-il (p. 273) où il a toujours tenu une place essentielle. Le pays, mûr pour conduire sa politique en pleine autonomie, peut être considéré comme une référence démocratique ; il cite le jugement de la revue américaine *The Atlantic Monthly* qui considère le Canada comme « la démocratie la mieux administrée dans le monde » et celui d'un conseiller de Roosevelt sur l'exemple qu'il donne de la tolérance[8].

Dans son autre recueil historique *Témoignages d'hier. Essais*, publié en 1961, Bruchési rassemble des analyses concernant des thèmes et des personnages de l'histoire du Canada français qui lui sont chers : Champlain et ses *Relations* de 1636, des héros de la défense de Québec, les fortifications de Vauban, le sort des armes qui n'abolit pas « le fait français », la correspondance de Louis-Joseph Papineau, etc. Il y joint

---

[6] 5ᵉ Assemblée, 1924, Genève. Cf. aussi Hilliker, *Le ministère des Affaires extérieures du Canada, op. cit.*, I, p. 110.

[7] Cf. *infra*, chapitre VI, note 9.

[8] L'essentiel de l'ouvrage de nature historique, de Jacques Cartier au milieu du XXᵉ siècle, insiste sur l'union des deux Canadas (chapitre V), sur la vie économique (chapitre VI), le Canada pays d'Amérique (chapitre VIII) et l'unité de « la Nation canadienne » (chapitre X).

des questions relevant de l'actualité politique, notamment la conscription, dont la perspective inquiète les Canadiens français et qui fut adoptée en 1918. Tout au long de ces analyses, dans un style élégant, souvent alerte, qui fait vivre ces personnages et les périodes de la construction du pays, sa préoccupation demeure celle de la survivance du Canada français.

CHAPITRE IV

Marcel Cadieux
ou le Service et les deux nostalgies

Marcel Cadieux naît à Montréal le 17 juin 1915. Après des études secondaires au collège André Grasset, il passe à l'Université de Montréal une licence en Sciences économiques et politiques et une licence en droit en 1939, puis à l'Université Mc Gill un diplôme de droit constitutionnel.

Entré au ministère des Affaires extérieures en 1941, il est affecté à Londres, en pleine guerre, puis à Bruxelles, avant d'être nommé conseiller de la délégation du Canada à la conférence de la Paix à Paris en 1946. En 1951, il est au Collège de défense de l'OTAN, puis conseiller de la délégation du Canada auprès du Conseil de l'Atlantique Nord, et en 1954, conseiller des commissaires canadiens auprès de la Commission internationale pour la surveillance et le contrôle en Indochine. Marcel Cadieux suivra les questions du désarmement et des essais nucléaires, des plus délicates du fait de la position traditionnelle du Canada contre les essais nucléaires. En 1956, il propose de faciliter l'accès de l'Arctique aux essais nucléaires des États-Unis, contre la conception initiale de l'interdiction des essais ; en février 1958, il examine les demandes des États-Unis d'inclure dans le champ de leur inspection la zone canadienne de l'Arctique. Il représente son pays dans diverses conférences internationales et conduit la délégation du Canada à la 19e session de la Conférence générale de l'UNESCO. En 1961, l'Assemblée générale des Nations Unies le nomme membre de la Commission de Droit international pour cinq ans : c'est la première fois qu'un Canadien y était désigné. Depuis 1960 il est sous-secrétaire d'État adjoint aux Affaires extérieures, puis en mai 1964, sous-secrétaire d'État. En novembre 1967 il est élu membre de la Société royale du Canada. À partir de 1970 il quitte Ottawa pour exercer d'importantes fonctions de représentation : d'abord de 1970 à 1975 comme ambassadeur aux États-Unis, puis en 1975, auprès de la Communauté européenne à Bruxelles. En 1978 de retour au Canada, il est négociateur pour les limites des frontières maritimes aux États-Unis. Il décèdera en 1981. Marié, il était père de deux enfants.

Marcel Cadieux fut l'une des figures de référence de la diplomatie canadienne où il servit près de quarante ans. Exigeant sur la reconnaissance de l'apport des canadiens français à la diplomatie du pays, il réalisait la synthèse de son identité canadienne et de son appartenance québécoise. Il fut le premier ambassadeur francophone du Canada aux États-Unis où il contribua à témoigner de la différence culturelle du Canada, tandis que les diplomates anglo-canadiens étaient perçus comme plus proches par les Américains. Ferme sur les principes et expérimenté, il avait la réputation d'un négociateur efficace, que ce soit en 1970 dans les discussions sur les frontières maritimes canado-américaines, ou en 1972, lorsque le gouvernement du président Nixon imposa une surtaxe sur les importations aux États-Unis, et qu'il fit preuve de ses talents d'avocat pour défendre l'exemption canadienne auprès du Premier ministre Trudeau. Son anticommunisme bien connu ne tenait pas seulement à ses convictions religieuses et politiques mais il était renforcé par son expérience de la Commission de contrôle du Vietnam et des conditions de l'installation du régime dans le Nord.

Ce diplomate cultivé était passionné de lecture et de cinéma – il fit partie du comité de direction du Conseil national du cinéma. Il écrivit de nombreux articles, notamment avec Paul Tremblay entre 1937 et 1943, dans des revues canadiennes et américaines. Son œuvre maîtresse consiste en quatre ouvrages. Le premier s'intitule *Le Ministère des Affaires extérieures*, avec le sous-titre : *Conseils aux étudiants qui se destinent à la carrière*, l'auteur faisant suivre le nom de sa fonction de l'époque : « Chef de la Division du Personnel », qui justifie le titre de l'ouvrage. Suivent l'année d'après, simultanément, deux livres de souvenirs et de réflexions, qui dépassent l'illustration des conseils précédents : *Premières armes* et *Embruns*.

M. Cadieux reprendra des thèmes et des développements de son premier traité, qu'il enrichira par ses expériences et la synthèse de ses réflexions dans *Le diplomate canadien. Éléments d'une définition*, publié dix ans plus tard, en 1962. Ce livre, plus ambitieux que la formule pratique initiale, fut remarqué et suscita des échos dans la presse.

Pionnier de la Carrière

Ses Conseils aux étudiants qui se destinent à la carrière marquent une étape dans la présentation que le ministère des Affaires extérieures donne de lui-même, quelques années après la Guerre et dans la période où il définit son rôle dans l'affirmation internationale du Canada. « La diplomatie, pour employer le mot consacré, est une profession nouvelle au Canada », écrira l'auteur l'année suivante[1]. Le chef du personnel du ministère explicite les conséquences pratiques de ce constat en exposant l'esprit, les grandeurs et les servitudes de ce nouveau métier. Au-delà, ce petit traité de diplomatie que le ministère lui avait demandé de rédiger à l'attention des candidats au concours, offre un ensemble de réflexions sur la pratique de l'art diplomatique.

D'abord il faut apprendre « l'esprit du ministère », en particulier par son histoire depuis sa constitution en 1909, rattaché directement au Premier ministre, puis à travers la reconnaissance du statut international du Canada à la conférence de Paris en 1919, dont le ministère devint un des « symboles » (p. 13). La deuxième phase correspond à l'ouverture de hauts-commissariats dans les dominions pendant la Seconde Guerre mondiale, et de missions techniques puis diplomatiques à travers le monde. L'auteur décrit le statut et les fonctions classiques du secrétaire d'ambassade, des plus variées : de préparation des actions, de représentation, de rédaction de dépêches, d'administration, de participation à des délégations pour des négociations. Il insiste sur l'identification des « qualités » requises pour l'exercice de la fonction – et par conséquent pour la réussite au concours d'entrée au ministère : qualités physiques, morales, mentales, de culture mais surtout « la profondeur, la rigueur, l'envergure de la pensée » (p. 63), le jugement. Il souligne la disposition de l'esprit « qui est fait de charité au sens chrétien du mot. Il faut aimer les autres êtres, dit-il, leur vouloir du bien, s'intéresser à eux pour bien faire son travail et réussir comme diplomate » (p. 65). La bibliographie indique surtout des auteurs anglais ou anglophones, parmi lesquels H. Nicolson, E. Satow, Mc Innis, son collègue Jean Bruchési, et les Français André Siegfried, Léon Noël[2].

La Guerre et la Libération : de Londres à Paris

Dans ses premiers ouvrages de souvenirs, *Premières armes* et *Embruns*, il veut faire voir, par l'exemple concret de sa propre expérience, en quoi consiste la vie du jeune diplomate, « à décrire ses émotions et l'ordre des préoccupations qui caractérisent sa profession, nouvelle chez nous », comme il le justifie dans la Préface de *Embruns* (p. 10).

Premières armes rapporte des impressions et des réflexions de l'auteur dans des postes européens, depuis la Première Guerre mondiale, de l'ambassade à Londres, à Bruxelles puis à Paris.

---

[1] *Premières armes*, p. 9.
[2] Ambassadeur à Prague puis à Varsovie. André Siegfried, auteur notamment de : *Le Canada puissance internationale* ; Léon Noël, *Conseil à un jeune secrétaire français entrant dans la diplomatie*, La Jeune Parque, Paris, 1948.

En 1943, à Londres où il remplit des fonctions administratives de secrétaire d'ambassade, sous les bombardements des V-I, il sent sa vie comme en suspens, entre « le grondement rageur » des bombes – « oui, j'ai eu peur », avoue-t-il. Cela ne l'empêche pas de lire, par exemple *Sous le soleil de Satan* de Bernanos, et d'élargir sa découverte du milieu social, de fréquenter le Club qui lui ouvre un pan de la culture britannique dont il décrit avec pittoresque le cadre, les visiteurs, les habitudes : « [...] il fallait entrer dans la salle de lecture sur le bout des pieds : tout autour, de bons bourgeois anglais, poil blanc, figure écarlate, bouche ouverte et mains jointes sur le ventre, faisaient la sieste comme il y a dix ans, comme il y a vingt ans » (p. 55). Mais la découverte se heurte aux réalités qui la bornent : « Tout compte fait, il fallait payer beaucoup et souvent trop pour la carne qu'on vous apportait dans de grands plats d'argent » (p. 58). Comme troisième secrétaire, Cadieux n'est pas riche et ose à peine fréquenter les grands restaurants, éprouvant toujours « la secrète inquiétude » de ne pouvoir payer la note. Pour boucler son budget, il doit se priver du petit déjeuner, dit-il, et les fins de mois demeurent difficiles ; il déménage sept fois en un an, dépensant « une petite fortune » pour se loger. Il trouve que les classes sociales sont plus visibles et marquées par le revenu en Angleterre qu'au Canada.

Il débarque à Paris où il est nommé à la Libération, heureux d'y retrouver des amis, et M. Massey[3], qu'il apprécie. C'est l'aboutissement d'un rêve dont il découvre la réalité concrète, « l'essence de la France », étudiée jusque là à travers les livres, où il cherchait à la fois « certains traits plus familiers de l'âme canadienne-française » et « un rapport entre le moi et la réalité spirituelle de la mère patrie » qui éluciderait supposait-t-il, « certains aspects de ma personnalité » (p. 71). Son esprit est déjà préparé par ses réflexions sur la culture canadienne, à la recherche des manifestations de l'art, de l'industrie, où il veut découvrir les signes « d'une civilisation homogène, complète, se suffisant à elle-même ». Ces séjours en Europe inspirent au voyageur des réflexions sur le sens de l'œuvre d'art qui exprime « l'effort de dépassement, l'aspiration de l'absolu », où il reconnaît, au-delà d'une conquête sur la matière, « le gage d'une victoire sur soi-même ». Ainsi les vieux monuments lui apparaissent « le miroir de la grandeur de l'homme », et l'heureux diplomate qui séjourne parmi ces expressions des cultures est reconduit par eux à la recherche de son identité ; il y lit « un itinéraire spirituel dont le terme ne peut se trouver en dehors de lui-même » (p. 174-175). Mais cette quête du sens d'une culture est en même temps une conquête de soi par l'unification de sa personnalité : « Paris est pour moi, dit-il, une invitation à l'unité ». Sa description du Paris de la Libé-

---

[3] Cf. chapitre VI. Futur Gouverneur général du Canada en 1952.

ration mêle les impressions d'entrain et de gaieté à l'effervescence culturelle de « cette ville miraculeuse » où « chacun peut vivre selon ses aspirations les plus secrètes [...] et se réaliser aussi avec plénitude » ; c'est « le plus merveilleux des précepteurs qui fait jaillir d'eux [...] les sources d'enrichissement, de libération » (p. 78). Le jeune diplomate avide de nourriture culturelle et de synthèse de sa personnalité, voit dans Paris « l'inventaire du moi le plus véridique, le gage de cette émancipation qui est l'accomplissement de toute éducation supérieure ». Sa fécondité où transparaît « le charme irrésistible d'un mystère qui se dévoile progressivement et qui pourtant toujours se dérobe » reste inépuisable et incite à de nouvelles explorations. Ce regard sur la ville lui permettra même de redécouvrir à son tour Londres : « Il faut peut-être passer par Paris plutôt que par Ottawa pour vraiment connaître les Anglais » (p. 76-79). Puis déçu par une nouvelle affectation sans exotisme qui le transfère à Bruxelles, il y découvre une autre atmosphère et y fait des rencontres qu'il n'oubliera pas, comme celle du Père Leloir, des Pères Blancs d'Afrique, ancien aumônier du maquis des Ardennes, victime des nazis et des communistes, à peine libéré du camp de Buchenwald.

L'identité canadienne

Comme ses compatriotes, son aîné Panneton et son cadet Ritchie[4], Cadieux remarque l'effet de perspective procuré par le regard porté sur son propre pays depuis l'étranger où « le Canadien ne peut s'empêcher de prendre une notion plus claire de ses traits particuliers », y découvrant notamment « ce qu'il y a d'extrêmement particulier, d'unique même dans la mentalité du canadien-français » (p. 201). Cela est vrai de tout Canadien, estime-t-il, convaincu qu'« il y avait en lui quelque chose de différent, d'irréductible au milieu qui l'entourait ». Cette distanciation, gage d'objectivité, dirait-on, lui fait reconnaître la pertinence et l'intensité des traits auxquels il participe lui-même. Tout admiratif de ce qu'il avait découvert à l'étranger, et qui l'avait enthousiasmé dans son séjour européen, « il restait fidèle dans son cœur, à certaines valeurs qu'il ne retrouvait pas dans les contrées qu'il observait et qui restaient à ses yeux le symbole et [...] la justification du Canada » (p. 203).

Ainsi malgré la parenté du Canadien français avec la France, demeurait irréductible « une surprenante différence » avec les Français. À tel point que la proximité avec ses compatriotes de langue anglaise se révélait plus forte, avec « plus de points de contact et d'entente, plus de façons communes d'envisager la vie et les choses que chez ces Français

---

[4] Cf. Chapitre I et VI.

qui semblaient les aînés de la maison ancestrale ». Le thème rémanent se retrouvera dans *Embruns*. C'est toujours la quête de « ce fonds commun particulier », ou encore de « ce quelque chose de si spécial qui les faisait se sentir plus Canadiens où qu'ils fussent », qui relève de « l'âme canadienne ». Si Cadieux se défend de chercher à le délimiter et à le définir, il atteste « l'essor d'un sentiment national » de plus en plus conscient, comme « une réalité qui se développe graduellement » – on évoquerait ici les analyses de Charles Taylor[5] – « qui se traduit d'abord dans une multitude de gestes émanant de l'âme même de la nation ». Or, ajoute-t-il, dans ces pensées sur l'identité, « nous ne sommes qu'à l'aurore de cette évolution [...] d'un peuple penché sur lui-même et cherchant à discerner ses traits essentiels » (p. 203-204).

Cette réflexion est largement inspirée au diplomate par la pratique de son métier où, non seulement la découverte des autres cultures, l'interrogation sur les filiations et la continuité mais aussi le regard de l'autre, ne peuvent que provoquer ses réflexions sur l'entité qu'il représente et à laquelle il appartient, comme formant son identité – ainsi, dans un mouvement de simplification, « il cherche à résumer, pour ainsi dire, dans sa personne, le message particulier de sa patrie ». Il y va de la pratique et de l'urgence car dans la vie quotidienne, « le diplomate canadien pratique quelques unes de nos vertus nationales » qu'il énumère ici : « la sobriété, la générosité dans le service à autrui, le respect scrupuleux de la loi, l'application soutenue au travail, l'intérêt porté au personnel » (p. 205).

Or, au-delà de l'authenticité de cette manifestation, cette attitude suppose une intelligence de la sensibilité, afin de « discerner ce qui, dans la réalité canadienne, est vraiment caractéristique ». Il conclut par la logique historique et politique qui soutient cette réflexion et celle de ses collègues qui l'ont développée : la création du ministère des Affaires extérieures a été « l'expression d'une pensée nationale », dont les fonctionnaires furent « les instruments d'une évolution consciente vers la souveraineté complète », dit-il. Il reste maintenant à « préciser son contenu spirituel » (p. 206). Ainsi, la pensée nationale qui a conduit à cette évolution est-elle à son tour confortée par l'action des diplomates – le lien de la diplomatie et de la pensée nationale est souligné avec force, comme lien spirituel (p. 206).

---

[5] Cf. *Sources of the Self. The Making of Modern Identity*, Harvard University Press, Cambridge, 1989. *Les sources du Moi : la formation de l'identité moderne*, Boréal, Montréal, 1998.

Nomade en partance : l'attache et l'escale

Embruns veut mettre en évidence le « climat » du métier, « l'état d'esprit » du diplomate débutant que l'auteur définit d'emblée comme un voyageur (p. 10), et c'est dans le cadre de cette « vie de voyage » qu'il analyse sa mentalité, ses modes de vie et de pensée.

Son analyse fine de l'état d'âme du diplomate s'alimente justement à l'image maritime du port et du départ : « Pour les vieux marins, les marées, les coups de sirène, les mouvements de navires ne sont pas des événements ordinaires. Ils ont dans leur âme des résonances étranges : ils se sentent mystérieusement attirés par le port ». Il en est de même pour le jeune diplomate, « Voilà pour lui le port où il fait escale pendant six mois ou même deux ans. Dépêches et télégrammes sont des appels du large. Les réunions, les conversations sont autant d'occasions d'échanger des souvenirs comme des denrées exotiques et toujours, dans sa vie, la fascination du lointain vient le troubler et aussi entretenir son enthousiasme pour le métier » (p. 16). D'Ottawa, désigné comme « le port », on est naturellement tourné vers le large qui motive toutes les décisions et les actions. Ce port d'attache est aussi un port d'escale – surtout, insiste Cadieux, pour les francophones – car on rêve du vaste monde.

Le diplomate est alors habité par la nostalgie, cette maladie du voyage, double en réalité : celle de l'extérieur et celle du pays. Celui qui est au port éprouve la nostalgie du départ et de la vie à l'étranger, alimentée chaque jour par la rencontre des collègues qui en viennent ou qui y partent ; « la pensée de "l'extérieur" imprègne lentement la vie des agents diplomatiques ». Il interroge ses collègues « sur les impressions qu'ils ont rapportées de leurs voyages ». Ainsi, poursuit l'analogie, « Comme le marin sur la jetée, ruisselant d'embruns, possédé par son démon, le secrétaire à Ottawa baigne dans ces effluves du lointain que lui apportent chaque jour son travail, ses conversations. Il vit dans l'attente du départ » (p. 18). En même temps, les dossiers, les projets et les notes y sont ordonnés dans un flux rythmé par les impératifs de la rencontre du temps et de l'espace « en rapport avec nos missions aux quatre coins du globe ». Le ministère renforce ainsi, par sa nature même, cette « impression de provisoire ». L'ensemble des éléments constituant cette vie professionnelle des diplomates explique donc que, « s'ils ont eux-mêmes été en poste, ils ont vite la nostalgie de la vie à l'étranger » (p. 15). Ils en rêvent non seulement par besoin d'évasion, mais parce qu'ils sentent cette atmosphère à laquelle ils collaborent et qu'ils savent que « le renouveau est toujours possible » ; le diplomate « trouve dans son métier des possibilités infinies de libération » (p. 16), et alimente son imaginaire aux cultures. Il sait que sa vie est changée selon qu'il sert à Ankara, à Mexico ou à Paris, selon les choix de Cadieux. Mais « c'est là le secret de sa vocation, l'étranger l'attire irrésistiblement », car il cherche à en comprendre la culture, la mentalité, les réactions – dans une volonté de savoir qui mêle la nécessité professionnelle et le désir personnel, d'en « pénétrer l'énigme ». En approfondissant l'analyse, on y découvrirait sans doute la double motivation de « démêler, comme dit Cadieux, plus lucidement les éléments du destin de sa patrie » et aussi, inconsciemment, celle de se retrouver soi-même.

Dans des circonstances toujours nouvelles, d'un pays ou d'une culture et d'une époque à l'autre, la même question qu'il porte en lui nourrit sa quête et meut son dynamisme : quels sont ici les liens prometteurs pour le Canada, pour ses intérêts, pour la fécondité des actions à entreprendre ? « Sans cesse il cherche ces rapports, ces correspondances, ces affinités ». Alors, se poursuit le parallèle maritime, mais le voyageur ne regarde pas en arrière, ne se laisse pas fragiliser par le romantisme du « Partir c'est mourir un peu » ; au contraire, exaltée par la découverte de l'inconnu, elle est tout entière tournée vers l'avant : « comme pour le marin à l'appareillage [...] le moment du départ est toujours émouvant. Il a enfin pouvoir se mesurer à la tâche dont il rêve depuis si longtemps ». Il est transporté de joie par « le voyage pour le voyage (de) l'expérience du pur transitoire ». La traversée maritime offre à rêver à loisir, « la mer luit et scintille comme une toison d'or [...] il vous vient à l'esprit des pensées d'allégresse, de victoire. Puis soudain, la mer se rembrunit. Un nuage sombre balaie l'horizon d'un rideau d'orage [...] » (p. 50), la contemplation provoque l'écriture du voyageur qui s'y laisse porter, retrouvant « le souvenir des explorateurs » ou celui des ancêtres qui sont passés là, ballottés sur leurs coques de bois. Certes, il est rattrapé par les nécessités de la réalité et la logique de sa fonction : « le fonctionnaire ne voyage ni pour son agrément ni pour s'instruire [...] il est le voyageur pressé » qui n'a pas le temps de visiter, de s'attarder, de goûter et « cette curiosité à demi satisfaite, exaspérée par l'occasion qui se dérobe sans cesse, aiguise ses facultés d'observation ». Cela suscite davantage encore son désir de repartir.

Écarts et parentés

Le séjour en France ravive la question des origines et celle des parentés, au fil d'analogies où se mêlent émerveillement, déception et constat des différences des langues, de l'écart des mentalités et celle de l'identité. La spécificité de l'impression du voyageur tient à « l'état d'âme » qu'inspire la France, fait « d'une sorte d'équilibre, d'harmonie, de contentement et de paix qui n'appartiennent qu'à elle et que ses initiés retrouvent chez elle d'emblée, même après des périodes d'absence prolongée » (p. 63) pour le Canadien français qui note encore : « Nul autre pays ne produit en eux un pareil sentiment de sérénité […]. Cette conviction que tant d'hommes ont eue, qu'en France, et nulle part ailleurs, ils vivaient avec une plus grande plénitude », car, ajoute-t-il, en une apologie qui relève de l'évocation de « la Mère patrie » : « En France, vous avez souvent une de ces impressions subites que la minute qui vient de s'écouler a été parfaite. Vous éprouvez une certaine angoisse à la pensée que vous ne pouvez rien faire pour la retenir comme vous le voudriez. Vous savez de façon certaine que, plus tard, vous vous souviendrez d'elle comme d'un des rares moments de grâce dans votre vie » (p. 64). L'essentiel tient en ce pouvoir psychologique et comme magique, d'unification de soi, et en même temps d'unification avec sa fonction, « le mystérieux pouvoir d'un pays qui nous réconcilie ainsi avec nous-même si souvent et si heureusement », où il découvre « un secret tout proche du bonheur » (p. 65).

D'autres lieux lui laissent des images et des souvenirs qui l'accompagnent, de Varsovie à Venise – évoquant « la plénitude d'une pensée développée avec maîtrise » où la matière « spiritualisée intégralement… n'est en somme que le revêtement d'une pensée qui semble lui emprunter toute sa dureté, toute sa permanence, toute sa qualité ». Le diplomate canadien ne manque pas d'établir des comparaisons avec son propre pays : « Venise m'a fait saisir pourquoi, pendant si longtemps, les hommes ont cru que la notion de patrie ne s'identifiait pas à celle de la nation » ; il y admire le témoignage de la puissance spirituelle de la Cité » (p. 120-121). Puis c'est Rome dont « la bonhomie » le frappe, son architecture, la grâce et la puissance des fontaines, insaisissables par l'image. Enfin, la Grèce où il reconnaît dans l'harmonie du Parthénon, planté sur l'Acropole, « un hymne à la Raison […] une correspondance patente entre le vrai et le beau », l'hommage des Grecs à l'intelligence : « de ses propres forces, l'homme ne s'élève pas plus haut », s'exclame-t-il, mais en redescendant, il retrouve l'inquiétante réalité de l'époque où « les valeurs que symbolise le Parthénon cèdent l'une après l'autre », et l'effondrement de « la primauté de l'intelligence sur la passion et l'instinct (qui) semblent maintenant étendre leur emprise sur le monde ». Il reste fasciné par Delphes, au flanc du Parnasse, d'où « la vue s'étend sur la vallée du Pleistos, plusieurs mille pieds plus bas, couverte d'une épaisse toison d'oliviers que la baie d'Itéa, sous le soleil, transperce d'un glaive fulgurant » (p. 135-136).

Lorsque M. Cadieux rapporte ses impressions et ses analyses de missions à Mexico, en France, sur le Rhin, il s'expose, comme ce voyageur disponible et attentif, à saisir ce qui fait comprendre de l'intérieur la réalité nouvelle où il se trouve immergé. Partout il observe le spectacle de la rue – il faut savoir se perdre à Mexico ou à Tokyo, hors des artères balisées, pour se retrouver – « J'ai toujours le pressentiment, note-t-il, que si j'ai l'œil ouvert, je surprendrai l'âme du peuple dans ce qu'elle a de spontané, d'irrépressible » (p. 32). La saisie du spontané ouvre en effet la porte de l'identité. Le lecteur à son tour, est touché par le contact avec ces réalités senties qui ont un sens pour tout diplomate. Elles témoignent d'un regard émerveillé dont il peut trouver l'analogie dans ce qu'il éprouve en pénétrant la réalité sociale, culturelle, humaine du pays où il a le bonheur de vivre et de travailler quelques années de sa vie, pourvu qu'il s'intéresse à son histoire, à ses habitants, à ses paysages.

Le centre et l'enracinement

Ce plaidoyer pour le voyage et l'art de voyager « sans bagages », afin que ne demeure que « le retentissement qu'a pu avoir en nous à tel moment, l'allure, le ton d'un monument », suppose une totale disponibilité intérieure. Cette même ouverture d'esprit et de sentiments qui est la condition de la découverte d'un pays pour qu'on puisse en être touché, est aussi requise au retour : « il faut se garder en état de disponibilité » car, assure-t-il, « les impressions les plus durables échappent à l'emprise de la caméra » (p. 126) – pour cet observateur sensible à « la vie nomade ».

Mais le diplomate n'est pas indifférent à la seconde nostalgie dont les bouffées envahissent parfois celui qui est en poste à l'étranger, la nostalgie du pays, celle d'Ulysse le voyageur, qui « vient brouiller ses joies les plus vives » (p. 17-27).

Pourtant si le départ fut heureux, « le retour n'est jamais bien gai » (p. 153) – c'est un abandon de ce à quoi on s'était attaché, puis une retombée dans l'homogénéité et l'austérité. Il génère à nouveau la nostalgie et, immanquablement, la question : « où irai-je la prochaine fois ? ». La présentation lucide de la réalité administrative dans laquelle l'agent veut faire aboutir un projet, est ici décrite sans concessions : « l'administration laissée à elle-même est inerte et n'absorbe le surcroît de travail qu'impliquent une série de recommandations que si l'intéressé (l'auteur du rapport) la pousse pied à pied, d'échelon en échelon, jusqu'à l'exécution » (p. 154). Cependant le bénéfice du retour au centre, à Ottawa, port d'attache, est multiple : c'est la redécouverte du calme du « *home* », la vue d'ensemble de la réalité canadienne que le diplomate représente à l'étranger, l'immersion dans les qualités nationales à nouveau évoquées : « le sérieux, la modération, l'esprit de travail, le dévouement à l'intérêt du pays, le souci de comprendre les points de vue divers, la conscience des responsabilités nationales » (p. 159). Puis seul le centre lui donne – outre la logique de la fonction ! – « cette vue d'ensemble de la réalité canadienne qu'il a pour tâche d'interpréter à l'étranger », énonce Cadieux, heureux des années passées au Service des Affaires extérieures depuis sa première affectation à Londres ; il est encore étonné d'avoir été payé pour faire ce travail qu'il eût accepté de payer pour faire : « c'était comme donner une sucrerie à un enfant ».

Une émergence historique

Le diplomate canadien, publié dix ans après ses ouvrages de souvenirs, offre une version augmentée et complétée des *Conseils aux étudiants qui se destinent à la carrière* « en vue de stimuler l'intérêt pour une carrière aux Affaires extérieures »[6].

Cadieux le considère comme un ensemble achevé sur le plan historique et théorique qu'il sous-titre : *Eléments d'une définition*. Ce « traité » vise non seulement à aider les candidats à l'entrée dans la carrière diplomatique, mais aussi à discerner des traits caractéristiques du diplomate canadien et à « percevoir [...] une certaine image [...], la définition d'un type de Canadien » (p. 8) à travers « un portrait spirituel » d'un peuple ou « notre physionomie spirituelle », à parvenir « à une conscience plus claire de notre personnalité nationale ». La définition du diplomate conduit à celle de l'identité canadienne dont elle est le signe ; cette recherche de l'essence du Canadien dans le diplomate lui apparaît comme une tache primordiale et urgente.

L'auteur rappelle à son tour l'historique de la création du Service diplomatique canadien depuis ses premiers rouages relevant du *Foreign Office* puis sa progressive autonomie conquise à travers l'évolution constitutionnelle du pays, la Confédération et le Commonwealth. De 1867 au début du XXe siècle, le Canada cherche à adapter la diplomatie anglaise à ses nécessités, notamment en adjoignant des Canadiens aux diplomates anglais chargés des intérets du Canada. Mais on estime que ces derniers ne sont ni les meilleurs connaisseurs ni les meilleurs représentants de la réalité du Canada, à qui commence à être reconnue la légitimité de sa propre représentation pour les domaines de l'immigration et du commerce. À la fin du XIXe siècle treize agents spécialisés pour les affaires commerciales, des « Commissaires de commerce », et au début du XXe siècle, trente quatre agents pour les questions d'immigration, sont entretenus par le Canada en Grande-Bretagne et à l'étranger. La volonté canadienne de prendre elle-même en main les négociations et les décisions concernant sa propre politique internationale, se manifeste dès 1871, après le Traité de Washington et des décisions sur

---

[6] Bien dans la tradition, depuis le XVe siècle, des traités du « Parfait diplomate ». Cf. Hilliker, *Le ministère des Affaires extérieures du Canada, op. cit*, II, p. 180.

les frontières de l'Alaska. Avec les Conférences « coloniales » (1897, 1902), puis « impériale » (1909) sur des questions d'intérêt commun de l'empire britannique, le Canada réclame d'assurer sa propre représentation. De nombreux « nationalistes » (p. 18) estiment nécessaire de séparer les intérêts communs « impériaux » et les intérêts de chacun, avec la mise en œuvre de politiques extérieures et de services diplomatiques distincts.

Le rôle tenu par le Canada dans la Grande Guerre et la Conférence de Paris, ainsi que la substitution du Commonwealth – association d'États indépendants – à l'Empire, légitiment cette attitude. Le Canada obtient le droit de signer des traités et il contribue, comme membre fondateur, à la Société des Nations ; il se voit reconnaître la personnalité juridique internationale. M. Massey est nommé ministre à Washington en 1927 ; des légations sont ouvertes à Tokyo en 1928, à Bruxelles et La Haye en 1939. Rien de surprenant, par conséquent, que le diplomate canadien ait été longtemps marqué par l'esprit et les institutions de la Grande-Bretagne et reflète son pragmatisme et son sens du concret ; d'autre part que le Service, encore jeune au début des années 1960, tienne son caractère de ses finalités à la fois pratiques et symboliques[7].

Nationalisme et internationalisme

La désignation par Cadieux du rôle du diplomate canadien comme « un curieux mélange de nationalisme et d'internationalisme » (p. 29) participe à définir sa spécificité. En effet, estime l'auteur, c'est dans la pratique même de ses relations internationales que le Canada découvre en quoi sa situation peut s'identifier à celle d'autres pays dont les intérêts sont semblables aux siens – ce qui entraîne pour conséquence l'obligation pour ses diplomates de former des analyses pertinentes. À cette condition, « notre influence peut précisément s'accroître, dit Cadieux, dans la mesure où nous pouvons parfois dégager une politique qui corresponde, non seulement à nos intérêts particuliers, mais aux intérêts d'autres puissances » (p. 30). Cette convergence des intérêts favorise donc ceux du Canada et, en même temps, les intérêts d'autres pays, dont le pays s'attache ainsi l'amitié ; il y gagne des appuis et exerce une influence dont il n'est pas le seul bénéficiaire. Deux correspondances s'éclairent alors entre la logique de la diplomatie et celle de l'affirmation du Canada : d'une part, l'effort visant la convergence et le

---

[7] Les chapitres de l'ouvrage, consacrés au « travail » et à l'activité d'« une mission diplomatique », « La dépêche », « L'affectation », « La spécialisation », « Le recrutement », « L'avancement », « Le fonctionnaire », présentent l'ensemble des généralités classiques indispensables à la connaissance de cette activité spécifique et indéfiniment variée.

rapprochement des points de vue que vise par essence dans toute négociation, la diplomatie canadienne (p. 41), d'autre part l'envergure du commerce international du Canada, vital pour le pays, entraînent par voie de conséquence, que rien de ce qui se produit d'important à l'étranger ne saurait manquer de l'intéresser, comme l'observe Cadieux (p. 26).

Le choix des diplomates

Les questions du recrutement du personnel diplomatique ont une portée sociale et politique. Il faut veiller, estime l'auteur qui en était un spécialiste reconnu, à la proportion des agents selon leur origine. Ainsi en 1962, sur trois cents cinquante agents, le cinquième seulement, soit soixante-dix à quatre-vingt, provenaient du Canada français, et une quarantaine servaient en poste dans la soixantaine de missions à l'étranger. Il ne manque pas de préciser : « Les Canadiens français peuvent jouer un rôle utile et unique dans l'administration tout en demeurant fidèles à l'esprit de leur race. Leur origine latine leur confère une capacité particulière pour servir d'interprètes du Canada dans les pays d'Amérique latine et un peu partout en Europe ». Il répétait le leitmotiv dans la Préface de *Embruns*, le 7 septembre 1951, s'adressant à ses « compatriotes du Québec » : « Leur souci constant est d'assurer que le ministère, dans sa structure comme dans ses démarches, reste l'instrument, l'image fidèle d'une patrie qui ne peut que s'enrichir de la plénitude de l'apport québécois » (p. 11). Il insistait sur la richesse culturelle du Canada et sur l'importance de traduire sa diversité linguistique et culturelle dans la politique étrangère du Canada, mais en veillant à l'efficacité – il disait : « Si tu veux affirmer un principe, tu peux toujours écrire en français. Si tu veux des lecteurs, il faut écrire en anglais », rapporte Hilliker[8]. Cadieux qui eut la responsabilité des relations franco-québécoise à Ottawa eut « une influence prédominante sur la définition de la politique du ministère »[9].

En même temps, la taille modeste du Service entraînait l'absence de besoin de spécialistes et appelait les agents à être des généralistes ; cela les incitait à multiplier leurs aptitudes – y compris linguistiques et culturelles – par une adaptation accrue, fidèles, estime Cadieux, « à l'esprit du métier, à l'idéal de l'honnête homme, d'aptitudes, d'intérêts variés, et qui s'efforce de s'attacher à tous les aspects de la vie canadienne pour la représenter à l'étranger » (p. 78). Enfin, l'exercice de recrutement des candidats diplomates renvoie, depuis toujours, à la

---

[8] *Op. cit.*, t. II, p. 180.
[9] *Ibid.*, p. 381.

recherche des qualités et aptitudes requises pour l'exercice de ce métier exigeant et varié, qui traduisent « l'échelle des valeurs » correspondante. Les auteurs classiques des traités de diplomatie dans la tradition européenne, cités par Cadieux, insistaient sur les qualités morales dont la présence relève de l'évidence : « il n'y a pas deux manières d'être loyal, consciencieux, ponctuel, pondéré, courtois, prudent » (p. 98) – et sur la culture qui permet de comprendre les civilisations par leur histoire et de nouer des relations. Mais la continuité que l'on constate, commandée par la logique de la pratique diplomatique, se conjugue ici avec l'évolution de l'exercice du métier et les impératifs techniques dans un monde structuré par des conditions inédites de communication et de regroupement. Au total, « Britannique par origine et par tradition », résume l'auteur, « le Service s'est distingué par sa façon empirique d'opérer », ses diplomates se caractérisant par « la modération de leurs interventions et leur souci de trouver des solutions pratiques aux problèmes qui se posent » (p. 123), le compromis et l'efficacité primant ainsi sur l'idéologie. Cadieux trouve dans « l'intégration » la meilleure désignation de la manière dont le diplomate du Canada exerce son métier et qui, selon la logique de son analyse, correspond à un trait caractéristique du Canadien, « Homme cultivé, Cadieux fut d'un grand soutien moral et prodigua de sages conseils », juge le ministre Paul Martin ; « Conservateur de nature [...] il savait qu'en diplomatie il faut procéder par étapes »[10].

Le diplomate canadien

Le diplomate canadien dépassa le cercle des fonctionnaires des Affaires extérieures et suscita immédiatement l'intérêt de la presse qui en donna des recensions développées et élogieuses. Cette présentation était une première, comme publication par un fonctionnaire autorisé du Ministère.

Ainsi Roger Duhamel, de l'Académie canadienne française, dans un article élogieux « Marcel Cadieux : le Diplomate canadien »[11] apprécia : « Marcel Cadieux exprime dans son comportement comme dans son attitude intellectuelle ce que nous en sommes venus à attendre des gens de la Carrière [...] dont les normes sont malaisées à cerner ; c'est qu'elles relèvent plus de l'esprit de finesse que de l'esprit de géométrie. Cadieux traite très loyalement de la situation faite aux Canadiens français au sein du ministère dont il est devenu l'un des dirigeants les plus respectés. Le chapitre le plus humain est consacré aux grandeurs et

---

[10] *Ibid*, p. 248.
[11] *La Patrie du Dimanche*, 22 avril 1962.

misères du métier. Cadieux abandonne ici le ton doctoral et un peu guindé qui fait malheureusement oublier le primesaut de sa conversation et l'acuité souvent malicieuse et réjouissante de ses propos intimes [...] Un diplomate ne sert pas un régime, mais son pays » – l'auteur eût davantage goûté le style rapportant les impressions du voyageur, mais il reconnaissait d'emblée : « Ces quelques mots résument mieux qu'un long commentaire la noblesse de la Carrière. On nous permettra d'ajouter que Marcel Cadieux en est l'une des plus attachantes illustrations ».

Pour André Patry, professeur de droit international public à l'Université Laval, qui lui-même exerça des fonctions diplomatiques, ce livre s'avèrera indispensable aux futurs diplomates, en leur montrant la réalité et les exigences du Service[12] : « M. Marcel Cadieux, sous-secrétaire d'État suppléant aux Affaires extérieures, a rendu jusqu'ici à ses compatriotes de langue française d'énormes services, sans perdre pour autant la considération de ses collègues de langue anglaise [...] ». C'est « le seul ouvrage publié en ce pays, qui puisse éclairer les orienteurs sur les exigences et les caractéristiques de la carrière, particulièrement au Canada ». L'auteur insiste particulièrement sur la nécessité de s'adapter à une réalité mi-culturelle : « Paradoxalement, les moins typiquement canadiens français auront tendance à être considérés comme les agents les plus utiles [...] Mais la carrière comporte de grands avantages, surtout pour un Canadien français, que sa culture rend capable de mieux comprendre les autres peuples et dont l'efficacité peut s'en trouver accrue ». Il conclut : « Écrit dans une langue alerte, l'ouvrage de M. Cadieux sent l'expérience et la vérité... ».

Jean-Ethier-Blais, qui connaissait aussi le métier pour l'avoir pratiqué, souligne avec pertinence des propriétés spécifiques de la fonction du diplomate, en faisant l'éloge du livre dans son article : « *Le diplomate canadien*, de Marcel Cadieux »[13] :

> La diplomatie, c'est l'art du possible. Aussi, étant donné ce qu'est l'homme, tout particulièrement l'homme moderne, ses hantises, son goût de la guerre, sa propension affichée à lancer contre son semblable les engins les plus meurtriers, la diplomatie est l'art d'empêcher, en quelque sorte, l'inévitable ; à tout le moins, de le retarder. C'est donc dire que l'on ne s'impro-

---

[12] « Ce qu'on attend d'un diplomate canadien », *Le Nouveau Journal*, 18 avril 1962. Auteur de plusieurs ouvrages dont *Les éléments de la politique étrangère du Canada*, PUL, Québec, 1947 ; *Souvenirs recomposés. Impressions esthétiques 1935-1955*. Informinter, Montréal, 1997, A. Patry exerça notamment les responsabilités de chef du protocole du Québec en 1967.

[13] De son côté, *Le Droit*, publié à Ottawa, titre le 21 mars 1962 : « Une œuvre remarquable », avec en sous-titre : « La vie nomade ».

vise pas diplomate et qu'il ne sert à rien, mû par un idéal combien galvaudé, de paix et de bonne entente, d'aller par tous les coins du monde, prêcher l'évangile de la paix ; encore faut-il connaître les rouages de la diplomatie [...]. Le diplomate est un homme d'études, qui travaille plus, et à des choses plus importantes, que la très grande majorité de ses contemporains ; il voue sa vie à une sorte de sacerdoce, sans les plaisirs de la foi... Il est peu d'hommes, dans la fonction publique, qui jouissent du prestige de M. Marcel Cadieux [...] ; il est l'archétype du haut fonctionnaire intègre et dynamique [...] ; la lumière que projette le diplomate sur son métier est crue ». En même temps, l'auteur reprend à son compte les analyses de M. Cadieux « sur les conditions physiques et psychologiques de ce métier pour des Canadiens français ».

dont il souligne le trait à sa façon :

> L'honnêteté intellectuelle de M. Marcel Cadieux l'a amené à donner l'image la plus vraie du milieu diplomatique canadien ; opération salubre entre toutes. [...] Le diplomate canadien représente non seulement son pays physique, mais aussi l'homme canadien. Or l'homme canadien n'existe pas, affirme le commentateur. Il y a le Canadien français et le Canadien anglais. Il faudrait que cette distinction soit admise dans les faits, c'est-à-dire dans le langage [...] M. Marcel Cadieux loue l'esprit « vraiment canadien » qui anime ses collègues de langue anglaise ; il ne fait aucun doute que cet esprit existe, mais reste à savoir ce qu'il est.

J.-E. Blais conclut sur l'attachement pour ce métier exceptionnel qu'éprouvent ceux qui l'ont pratiqué, ajoutant que M. Cadieux

> eût pu ajouter à son livre un chapitre sur la noblesse de la diplomatie. Il ne l'a pas fait sans doute par pudeur, et parce qu'il est diplomate. L'homme bien né n'exalte pas lui-même ses vertus. Et sous les grâces du diplomate, derrière l'amabilité de ses sourires, il y aura toujours cette discipline personnelle et secrète, qui est l'une des caractéristiques les plus attachantes de l'homme formé à l'école de la diplomatie.

Plus tard, le 23 septembre 1965, le *Toronto Globe and Mail*, appréciera à son tour l'analyse de Cadieux qui montrait les difficultés – qu'il avait lui-même parfaitement surmontées – devant lesquelles pouvait se trouver un jeune diplomate canadien. L'auteur de l'article « *Pragmatic Diplomat. Marcel Cadieux, n° 2 Man in External Affairs, decides policy by asking : Will it work ?* » observe : « [...] *in many ways a most undiplomatic kind of diplomat* ». Le journal anglophone ne tarit pas d'éloges sur les capacités et l'efficacité de Cadieux. Il évoque plusieurs de ses actions et réussites et insiste sur la façon dont le diplomate considéra d'emblée que « l'avenir du Canada français est une part du Canada comme un tout ».

CHAPITRE V

Robert Choquette ou le roman de la vie

Robert Choquette est né le 22 avril 1905 à Manchester, dans le New Hampshire. Son père, qui était médecin, et sa mère Arianne Payette, s'installent à Montréal en 1914. Robert fit ses études au Collège Saint-Laurent puis au Loyola collège, où il connut le futur peintre Jean-Paul Lemieux. Sa vie intellectuelle et sociale sera dès lors rythmée par ses publications. D'abord des poésies : en 1925 – il a vingt ans – *À travers les vents*, préfacé en 1926 par Henri d'Arles qui lui applique l'adage « *Nascuntur poetae* » en découvrant « un vrai poète » à travers « la variété et l'abondance des images », doté d'« une sensibilité riche et fine ». Ce recueil d'une soixantaine de poèmes sera couronné par l'Académie française et par le Prix de poésie du Gouvernement du Québec (Prix David) – qui lui permit de se lancer dans une randonnée en automobile de Montréal à Los Angeles. En 1927, *La Pension Leblanc*, qui sera réédité vingt ans plus tard, illustré par Jean-Paul Lemieux – « l'âge est un état d'esprit », écrit-il dans la Préface de l'édition de 1928. Il le concevait comme le début d'un ensemble « d'une chaîne d'études appelée à encercler, au cours des années à venir, les diverses physionomies de la province de Québec », dans le village typique imaginé, de Saint-Vivien, « le petit Nord des Laurentides », avec ses clochers : « […] l'air qu'on y respirait sentait bon la gomme de pin ». L'auteur avait découvert Flaubert, Tourgueniev et Tolstoï. L'œuvre est jugée par le critique Louis Dantin, « le plus remarquable roman de mœurs que notre littérature ait produit » ; il inaugure l'étude psychologique. Il félicite l'auteur d'« avoir posé dans un milieu et une atmosphère de chez nous une "histoire d'âmes" poussée et complète »[1].

Les années suivantes, il est rédacteur en chef de *La Revue moderne*, à Montréal, secrétaire et bibliothécaire de l'École des Beaux-Arts puis vice-président et secrétaire de l'Association des Auteurs canadiens. En

---

[1] Le 9 février 1938. Avant-propos.

1931, la parution du poème *Metropolitan Museum* lui vaut une attention élogieuse de la critique et du public et, à nouveau, le Prix de poésie du Gouvernement de la Province de Québec. Il sera suivi de *Poésies* nouvelles en 1933. En 1936, *Le Curé de village*, d'abord radio-roman puis publié, offre des scènes de vie canadienne avec de nombreux personnages qui « n'ont aucun désir de passer pour des symboles, c'est-à-dire des clichés, des abstractions dotées de toutes les vertus qu'un homme reçoit d'habitude une fois couché entre quatre cierges. Ils aiment trop la vie pour cela » (Avant-propos). Il se marie l'année suivante avec Marguerite Canac-Marquis ; ils auront un fils et une fille.

En 1941, paraît *Les Velder*, reprise du feuilleton *La pension Velder* : histoire d'une famille belge vivant à Montréal dans les années 1937. Ce roman sera édité en 1958 par Fides sous le titre : *Élise Velder*. Une échappée inspiratrice lui est offerte par une bourse d'« auteur résident » à Smith Collège, à Northampton dans le Massachusetts, et comme professeur d'écriture radiophonique.

Le grand poème *Suite marine*, publié en 1953, recevra le Prix de poésie de l'Académie française puis, en 1956, le Prix de poésie du Gouvernement de la province de Québec, ainsi que le prix Edgar Poe, à Paris. En 1956, l'ensemble de ses poèmes sera repris dans *Œuvres poétiques I* et *II*. Il prend en 1962 une année sabbatique durant laquelle il visite l'Europe, notamment la France où il rencontre les milieux littéraires. En 1963, il est nommé commissaire associé à la Commission du Centenaire de la Confédération canadienne. En 1980, à 75 ans, il publie *Moi, Petrouchka : Souvenirs d'une chatte de vingt-deux ans*, fable, et l'année suivante *Le choix de Robert Choquette dans l'œuvre de Robert Choquette*.

Son écriture permanente et ses nombreuses publications ne l'empêchèrent pas de voyager, de faire le tour des États-Unis en voiture, de visiter le Mexique et de parcourir une partie de l'Europe, de la France à l'Italie, de la Belgique au Portugal.

Un diplomate culturel

Ses missions diplomatiques seront marquées par son activité littéraire et sa culture. Il sera nommé en novembre 1964, Consul général du Canada à Bordeaux où il demeurera jusqu'en 1968 ; puis ambassadeur en Argentine, en Uruguay et au Paraguay, de 1968 à 1970.

Au consulat général du Canada à Bordeaux, il suivait les questions d'immigration et surtout il remplissait une mission d'information en présentant le Canada. Assisté par deux Consuls adjoints et une quinzaine d'agents, il avait compétence sur une circonscription de vingt départements, dans le Sud Ouest de la France. Il s'agissait de faire connaître le Canada moderne – et non plus celui de Maria Chapdelaine. Il donna une quarantaine de conférences, illustrées par des films, sur la géographie, la population du Canada – et sur son histoire, son élan culturel, sa créativité, la langue, en expliquant son évolution, « comment il arrive à son indépendance », dit-il[2] – en résumant : « Tout ce qui fait mieux connaître le Canada me plaît ». Il était membre de l'Académie des Sciences, Arts et Belles-Lettres de Bordeaux et de l'Académie des Arts et Lettres du Périgord.

Puis lorsqu'il est nommé ambassadeur en Argentine, en février 1968, avec accréditation en Uruguay, et au Paraguay, il reprend son activité. Parti en mai, il présente en juin ses lettres de créance à Buenos-Aires, puis en juillet en Uruguay et en août au Paraguay. Introduit par sa propre renommée, il poursuit sa mission d'information sur le Canada et de représentation de sa culture – de Buenos-Aires aux capitales provinciales. Il y restera deux ans, exerçant ces fonctions jusqu'à son retour à Montréal, à l'été 1970 où il est nommé à la Direction régionale d'Information Canada pour le Québec. Il est alors Président de la Société des écrivains canadiens. En 1972 il reçoit un doctorat *honoris causa* de l'Université de Sherbrooke. Il est décédé en 1991.

Dickens ou Daudet canadien.
Une poétique de l'aventure humaine

Son œuvre littéraire, originale et diversifiée, inclut des feuilletons radiophoniques, des romans et des poèmes. Ses multiples émissions radiophoniques[3] depuis 1930, visaient à diffuser la littérature pour le plus grand nombre. Il écrivit des dizaines de milliers de pages – pour atteindre ses auditeurs dans les régions les plus reculées du pays avec *Le Curé du village*, ou *La pension Velder*.

Dans l'Avant-propos de *Élise Velder*, roman écrit à la suite du roman-fleuve radiophonique *La pension Velder*, où il transpose des personnages incarnés par des comédiens, « des créatures imaginaires dont je connaissais le visage et la voix », il précise son intention de rendre visible « la peinture de gens normaux [...] un certain milieu canadien-français de l'époque » – disqualifiant ainsi la prétendue impossibilité de faire de la littérature avec de bons sentiments. Ce qu'il cherche, c'est un

---

[2] *La Presse*. Montréal, 26 novembre 1966.
[3] Il inaugura les émissions radiophoniques de littérature, diffusant cinq mille émissions de radio roman dont il était considéré comme coutumier, outre de nombreuses émissions de théâtre, de causeries culturelles et d'entretiens télévisés.

certain « naturel » et « qu'entre la narration et le dialogue le ton reste le même » (p. 8).

Dans sa Préface au roman *Les Velder*, André Maurois annoncera : « En fait, le rôle que pourrait jouer un jour Robert Choquette, s'il observe et travaille beaucoup, serait d'être le Dickens du Canada français ou, s'il préfère, son Alphonse Daudet ».

C'est l'œuvre poétique qui caractérise R. Choquette, auteur classique et moderne à la fois, comme l'a noté André Mélançon[4] : il traduit l'âme régionale sans se limiter au régionalisme mais il atteint l'humain et l'universel. Dès son premier recueil *À travers les vents* (1927), une véritable veine poétique lui inspire des images audacieuses qui emportent l'adhésion du lecteur et témoignent de son inspiration et de son talent :

Ode à la Liberté :
« Et je te cueillerai, maîtresse des idoles,
Ô souveraine liberté ! » (*Œuvres poétiques*, I, p. 130).

Premiers vers à mon fils (1938) :
« Mon fils, mon avenir ensemble et mon passé !
Mon cœur, loin de vieillir, est tout neuf, Ô merveille ! »

L'amour de son pays, retrouvé au retour du voyage, dans
Retour d'Europe :
« Ô mon pays, mon grand pays du Nord »

Et aussi des poésies nouvelles :
À la beauté :
« Beauté, céleste image au front nimbé de fleurs,
Notre esprit, Ô beauté, te contemple et soupire ».

Recommencement :
« Beauté qui m'as blessé d'une langueur sereine,
Nature, floraison de forces souveraines,
À toi je viens, tranquille et puissant univers,
Du fond le plus troublé de mon âme, à travers
Les chemins raboteux de la souffrance humaine » (p. 202).

Sans prétention exhaustive, on peut relever les thèmes majeurs de l'existence humaine qu'illustre sa poésie : la beauté ; l'amour ; le Canada, le pays ; le religieux ; la mer ; la recherche de l'idéal.

---

[4] *Textes choisis*, Introduction, p. 5.

Le long poème *Metropolitan Museum*, qui paraît en décembre 1931, composition lyrique et épique, ambitionne d'éclairer « l'évolution de l'humanité tout entière ». Son contenu historique et philosophique condense le temps d'une fresque universelle en laissant ouverte l'interrogation où la création est fille de la souffrance :

« N'aurai-je fait toujours que changer de souffrance
Et mon cœur, ce mirage, aura-t-il reculé ? »

La poétique de Manhattan surgit comme un concentré de la création urbaine par l'esprit humain qui condense dans la Cité tout son savoir et son savoir-faire, et l'érige vers le ciel, faute de l'étaler dans l'espace :

« Qu'adviendra-t-il alors de ma race tragique
Aux flancs d'un globe épouvanté ? »
« Ah ! qu'au moins l'avenir, s'il vient sur mes paupières
Incliner son front vague, ainsi qu'en un miroir,
Se taise de respect devant mon désespoir » (*Œuvres poétiques* I, p. 162).

On a rapporté que c'est au cours de sa première visite au Musée de New York qu'il avait eu l'idée de ce poème « dans un éblouissement » (p. 166) – mais il avait l'habitude de se documenter à l'École des Beaux-Arts de Montréal, dont il était le bibliothécaire et où l'idée mûrit lorsqu'il feuilletait des ouvrages d'histoire de l'art. Les deux parties du poème sont reliées par la transition qui lui était venue au Musée même, en entendant un oiseau passer devant une fenêtre ouverte, qui le ramena à la formidable présence de New York : « Le mouvement, l'action, la vie ! New York tourné vers demain ! Ces deux parties du poème étaient soudées »[5] (p. 169) – image de l'attitude de Choquette dans la vie. André Maurois, de l'Académie française, estimera dans sa Préface : « Par son souffle, par son amour de la mer et de la mort, par le passage de la révolte à la sérénité, par son art de survoler le temps, Robert Choquette peut écrire, comme il a commencé à le faire, une large et belle épopée ».

Une épopée : la mer toujours recommencée, l'amour toujours naissant

Suite Marine (1953), douze chants, sur la continuité et la fuite du temps, la mer, compagne lointaine mais permanente de son inspiration, qui entretient la vie :

Mais voici dans la mer le symbole du cœur
Aux rythmes de fureur, aux rythmes de tendresse...

---

[5] *Écrits du Canada français*, Montréal, 1982, n° 44-45.

Poème d'amour et de la création, et transposition audacieuse du mythe de Tristan et Yseult.

> La mort, la mer, l'amour… Car c'est l'instinct d'amour
> Qui, dans la mer, commande à des forces énormes,
> D'assouplir, d'embellir, de varier leurs formes ;
> Jusqu'au jour où la mer inquiète, obsédée,
> Par le désir obscur, l'instinct aveugle et sourd,
> Fera recommencer aux êtres comme aux choses
> L'enchaînement sans fin de leurs métamorphoses (p. 24).

Et encore,

> Voici l'heure où la mer recule vers la mer.
> Un à un, les bateaux hésitent sur leurs quilles (p. 25)
> Sous nos pas où la mer sans cesse vient finir,
> L'écume fluctueuse, étalée à l'extrême,
> Forme des éventails aussitôt refermés (p. 44).

Et il contemple, inaccessible,

> L'intégrale beauté, plus belle qu'elle-même.

Depuis les plages du Maine de son enfance, jusqu'à Percé, à l'extrémité de la Gaspésie d'où il contemplait l'océan, où il acheva ce poème, il fut inspiré toute sa vie par la Mer, qui en est à la fois le cadre et l'acteur. La mer symbolise le cœur de l'homme « cette oscillation continuelle entre l'être et le non-être » et « comme un reflet d'éternité », ou encore « l'image de l'éternité cachée dans l'unité du temps » où « nuit et jour (elle) perd son temps à rattraper le Temps »[6]. Cette épopée, c'est l'universel, mais « cela sent aussi le varech gaspésien », selon l'expression d'Alfred Desrochers[7]. Ainsi, a-t-on estimé, « C'est dans *Suite Marine* qu'il faut chercher et découvrir le vrai Robert Choquette » ; il fut alors désigné comme « notre seul poète romantique »[8] et *Suite Marine* fut considérée comme l'œuvre poétique la plus ambitieuse de la littérature canadienne.

---

[6] « La mer ! La mer ! Toujours recommencée » (Paul Valéry, *Le cimetière marin*) : symbole à ses yeux du cœur de l'homme et de l'oscillation continuelle entre l'être et le non-être, image de l'éternité dans le temps. Cf. Carlo Fonda, « Le privilège de vivre. Réflexions sur Robert Choquette », in *Canadian Literature*, n° 37, 1968, p. 28-39.

[7] « Avec sa *Suite Marine*, Robert Choquette tient sa promesse », *L'Autorité*, 19 décembre 1953.

[8] Yvan Daigneault, *Le Soleil*, 30 mars 1968.

Le Canada et la personnalité du Canadien

Choquette avait écrit en français les paroles de L'*Hymne du Centenaire* que le poète canadien anglais John Glassco traduisit. Mis en musique par Healey Willan, il fut chanté dans les deux langues le 1er janvier 1967, pour la commémoration du centenaire de la Confédération dont Choquette avait été nommé sous commissaire.

> Gloire à toi, Créateur : louange et gratitude
> Pour ce pays choyé par ta sollicitude,
> Avec ses lacs, ses monts, ses fleuves et ses blés,
> Et ses forêts sans borne aux animaux sans nombre,
> Et pour tous ces trésors qui mûrissent dans l'ombre,
> Merci de nous avoir comblés.
>
> Sous d'autres cieux, et même en ce siècle où nous sommes,
> Ils sont des millions et des millions d'hommes
> Que déchire la faim ou qu'obsède la peur,
> Mais à nous tes faveurs répètent l'assurance
> Qu'en ce pays au geste large, l'espérance
> N'a rien d'un horizon trompeur.
>
> Les uns tenant la chaîne et les autres la trame,
> Guide-nous, Dieu d'amour, et nous tisserons l'âme
> De ce grand pays neuf qui cherche son destin.
> Que ce destin choisi brille en exemple au monde,
> Qu'il donne foi dans l'Homme et que l'Homme y réponde,
> Au soleil d'un nouveau matin.

Un texte de huit pages, provenant d'une causerie radiophonique prononcée en 1948, « La personnalité du Canadien », et publié en 1967 lorsqu'il est commissaire associé de l'Administration du Centenaire de la Nation, retient l'attention. Choquette y énonce, avec l'humour qui allège la gravité du propos, la question qui se trouve au cœur de toutes les interrogations canadiennes. L'étranger ne sait pas toujours dire spontanément ce qu'est un Canadien, même s'il ne l'assimile ni aux Américains ni aux Anglais ni aux Français ; « tous s'accordent à dire que l'âme canadienne semble plus fuyante que les autres, lorsqu'il s'agit de la cerner dans une définition » (p. 1). Les adjectifs les plus fréquents qualifient les Canadiens de « sérieux, intègres, patients, prudents, courageux, stables », ce n'est pas seulement dû à leur position en un « juste milieu » mais sous l'influence de quels facteurs les Canadiens tiennent-ils ce caractère « conservateur, raisonnable, pondéré » ? Le climat et « la formidable présence de la nature » n'y suffisent pas (p. 2), alors on est reconduit à la dualité culturelle de la population. Le Canadien anglais manifeste des traits tenant à sa formation : « la volonté, le *self-control* » provenant de l'éducation et de la religion, font sa réserve ordinaire, « dont les émotions maîtrisées brûlent en dedans » (*id.*). Le Canadien français n'est pas marqué par l'exubérance des Français mais conserve un certain laconisme, empreinte de l'homme de la terre. Au total, des qualités communes « de modération, de pondération, d'équilibre » se retrouvent chez les uns et les autres.

Enfin, la proximité du grand voisin du Sud, les États-Unis, s'impose comme réalité. Certes, se souvient l'analyste, « Ottawa a toujours dû naviguer entre les intérêts de la Grande-Bretagne et ceux des États-Unis. Cela commandait la prudence », ce qui a entraîné une retenue de puissance. Mais réfléchissant au sens de l'identité canadienne, il partage le sentiment de ses collègues diplomates : « Nous sentons en nous une énergie plus grande que celle que nous osons mettre en jeu ». Si bien que le double facteur historique de « notre longue tutelle » de la Grande-Bretagne, et géographique de ce voisinage immédiat du « colosse des États-Unis, qui gêne notre amour-propre », commande amplement l'attitude du pays et les conditions de son affirmation.

Ainsi soulignant le contraste entre la puissance, symbolisée par l'*Empire State Building*, et l'absence d'une création culturelle phare au Canada, Choquette inverse le point de vue commun fondé sur la manifestation des valeurs dans la vie individuelle et sociale : « À la bousculade américaine, nous opposons tout bas nos manières plus amènes ; au matérialisme américain, notre appréciation des valeurs spirituelles », se demandant même « si, jusqu'à un certain point, notre retenue n'est pas aussi une réaction contre l'assurance, contre l'exhibitionnisme américain » (p. 5). Il ressent intimement la certitude partagée que « tout bas, les Canadiens sentent et se disent qu'il y a quelque chose de plus vrai, de plus humain, dans notre philosophie de la vie ». En effet, ce qui est en jeu, l'objet de la réflexion et l'objectif visé, c'est bien « l'unité nationale », qui provoque « une sorte de méditation refoulée », de Halifax à Vancouver – en passant par Québec, dit-il (*id.*). Les images du mariage de raison et du mariage d'amour, du souvenir des origines et de la modernité, du tandem historique, alimentent la réflexion sur la proximité inconsciente et l'unité de réactions. « La vraie grandeur, conclut-il à cette époque où le drapeau canadien n'est pas encore décidé, nous l'atteindrons quand le Canadien-anglais et le Canadien-français se sentiront *consciemment* et *volontairement* rapprochés par leur égal amour de la même terre, du même ciel, des mêmes promesses d'avenir » (p. 8).

Les contes et le Sens

Deux textes tardifs témoignent d'un retour de l'auteur à la tradition culturelle du Canada français, dont il reprend des contes, et à sa propre vie, qu'il interroge dans une fable.

Dans *Le Sorcier d'Anticosti et autres légendes canadiennes* publié en 1975, Choquette réécrit dans son propre style un ensemble de seize contes traditionnels canadiens des XVIIIe-XIXe siècles. Entre autres, « Le glas du missionnaire » raconte la légende des cloches des églises qui avaient été desservies par le Père jésuite Jean-Baptiste de La Brosse, curé de Tadoussac, et qui se mirent à sonner lors de sa mort en 1782, des rives du Saguenay à l'Île aux Coudres.

La dernière page de l'humoristique, *Moi, Petrouchka : Souvenirs d'une chatte de vingt-deux ans* (1980) offre un éclairage sur l'auteur lui-même : « sans doute parce que le chat est silencieux, mystérieux, imprévisible. [...] Pour ma part, je crois que j'ai du chat en moi »[9]. À l'âge où il publiait *la Pension Leblanc*, comme il l'indique dans le premier paragraphe de la Préface, et où il réfléchit sur sa vie, il posait la question qui dépasse la fable facétieuse à laquelle on ne saurait la réduire : « la grande question à quoi personne n'échappe : suis-je heureuse d'avoir été moi ? [...] Je fus longtemps sans soupçonner que la vie nous est seulement prêtée » (p. 170). Sa réponse, sur laquelle s'achève le livre, éclaire l'activité créatrice qui jalonna toute sa vie : « Oui. J'ai bien fait d'avoir été moi » (p. 171).

Une double reconnaissance

L'œuvre de Robert Choquette a donné lieu à de nombreuses études. « À travers les Vents » fit dire au critique Louis Dantin, qu'il « a reçu tous les dons intimes qui marquent le chanteur, l'élu » ; qu'il « s'est confié à son propre instinct, à son inspiration personnelle, qu'il a écrit comme il voyait et comme il sentait »[10]. Les poèmes *Metropolitan Museum* et *Suite Marine* ont été particulièrement remarqués ; l'auteur est dorénavant inscrit dans les éditions des poètes de l'Amérique française ou des Canadiens français. Sa renommée s'étendait également au Canada anglais : « *To French Canadians Robert Choquette is full crystallization of their Latin force working out their destiny in an Anglo-Saxon new world. His work over the air has accomplished more than anything else to make the French Canadian race and language con-*

---

[9] *Le Devoir*, 17 février 1980.
[10] « À travers les vents », *Poètes de l'Amérique française*, t. 1, éd. du Mercure, 1928, p. 165-184.

scious », observait un critique[11]. Jean Ethier-Blais, lui-même diplomate canadien, de Paris à Hanoi, publia en 1968 un article élogieux sur l'œuvre poétique de Robert Choquette. Il sera reproduit sous le titre « Jugement critique », en avant-propos de l'édition de *Poèmes choisis* de Choquette en 1970. Pour lui, « c'est toute une époque de notre histoire littéraire qui retrouve la vie, dans ces vers parfaits, voluptueux toujours et sublimes parfois ». Il y retrouve la manière de Victor Hugo – d'*Oceano Nox* et des romantiques français, mais dans « la frénésie bien personnelle » de Choquette. Puis la « prosodie très ample » de son romantisme, les traits bien sentis de la souffrance, enfin la recherche d'un absolu qui dépasse la banalité quotidienne, telle qu'on la suit dans *Metropolitan Museum*, à travers le parcours de l'aventure humaine, tourné vers une énigme : un mystère ? Ethier-Blais tient cette composition pour « l'un des plus beaux, des plus profonds poèmes de la littérature canadienne française qui traduit « une maîtrise consommée du langage », qui offre « des somptueuses évocations et des chants d'amour d'une souveraine violence », si bien qu'« on s'incline devant le mystère de cette musique et de ce talent »[12]. Louis Dantin y reconnaissait « une œuvre d'art mûr », entreprise audacieuse qui ne vise rien moins que « le cosmos à capter en cinq cents vers » ; de ce « précis d'histoire universelle » ressort « le destin total de l'homme, de ses origines à son terme » où « une idée maîtresse, celle de marche, de poussée constante, crée une unité et une suite »[13].

Suite Marine en est comme le prolongement. Ici le sens de la quête s'éclaire avec le visage mythique de la femme aimée. L'ensemble allie la finesse de l'évocation des sentiments, une « pensée cosmique… de somptueuses évocations et des chants d'amour d'une souveraine violence »[14]. Au cours de son voyage en France en 1962, Choquette avait entendu déplorer « l'absence de forme, l'hermétisme » et finalement le « refus des éléments qui ont toujours constitué la poésie : lyrisme, chant, musique, rythme » et il s'interroge : « Qui sait ? Peut-être reviendrons-

---

[11] Lee Cox, *Canadian Who's Who*, 1936-1937.
[12] « Ces vers glissent à la suite les uns des autres pour ne devenir, à la fin, qu'une trame extraordinaire où se dénouent les fils de la puissance créatrice et de l'existence », avec « de somptueuses évocations et des chants d'amour d'une souveraine violence ».
[13] *Poètes de l'Amérique française*, t. 2., éd. du Mercure, 1934, p. 86-97.
[14] *Poèmes choisis, op. cit.*, p. 16.

nous à l'avant-garde par le seul fait que nous croyons encore aux valeurs éternelles ? »[15].

Se risquant à désigner ses préférences dans son œuvre : *Le choix de Robert Choquette dans l'œuvre de Robert Choquette*, l'auteur avoua qu'il restait attaché en particulier aux poèmes : « presque tout *Metropolitan Museum* », au prologue et à l'épilogue de *Suite Marine*, « ce long poème où la mer et l'amour entremêlent leurs accents » (p. 7). Ces deux œuvres poétiques lui valurent d'être proclamé « prince des poètes » en 1961 par la Société des poètes canadiens-français. Parmi les jugements des critiques français, retenons celui de Daniel Rops qui considérait Robert Choquette comme « un des premiers de notre temps »[16] – sans omettre un regard de la critique contemporaine qui replace son œuvre dans le mouvement des idées, y compris des idées politiques, à partir de *Le fabuliste La Fontaine à Montréal* (1934) et d'autres textes[17].

---

[15] R. Choquette à A. Desrochers, 4 juillet 1962, in Renée Legris, « La Correspondance Desrochers/Choquette ou l'écho des poètes », *Études en littérature canadienne*, 1990, vol. 15, n° 2.

[16] Cité *in* Mélançon, *op. cit.*, p. 10.

[17] « Emile J. Talbot, Choquette's Urban Fables : Questioning a Certain Modernity », *Québec Studies*, vol. 34, winter 2003, p. 47-57.

CHAPITRE VI

Charles Ritchie ou l'observateur engagé

Charles Stewart Almon Ritchie est né à Halifax en Nouvelle Écosse le 23 septembre 1906. Il perd à dix ans son père, brillant avocat, qui poursuivait la tradition d'une famille de juristes. Sa mère Lilian, de vingt-cinq ans plus jeune que son mari, veuve à trente ans, éduqua ses deux garçons : Charles, le futur diplomate, et Roland qui devint juge à la Cour Suprême du Canada.

Charles fit ses études à King's University à Halifax puis à Oxford, Harvard et à l'École libre des Sciences politiques à Paris, en 1931. Il entra au ministère des Affaires extérieures en 1934, où il servit quarante ans dans des postes de responsabilité. Il est nommé à Washington en 1936, ensuite durant presque toute la Guerre, à Londres où Vincent Massey était haut-commissaire du Canada, puis il sera conseiller à l'ambassade du Canada à Paris auprès du général George P. Vanier. Après la Guerre, il est sous-secrétaire d'État à Ottawa en 1950-1952, avant d'être envoyé en 1954 comme ambassadeur en Allemagne. Suit une période aux États-Unis, d'abord comme représentant permanent du Canada aux Nations Unies de 1958 à 1962, puis comme ambassadeur à Washington en février 1962, nommé par le Premier ministre Diefenbaker approuvé par M. Pearson, chef de l'opposition, qui déclara ne connaître personne de supérieur pour ce poste dans le Service diplomatique. Alors ce sera l'OTAN et la Communauté européenne en 1966-1967. Enfin en 1969 il est nommé haut-commissaire en Grande-Bretagne. Charles Ritchie est Compagnon de l'Ordre du Canada en 1969, et membre de la Société royale du Canada. Enfin il sera conseiller spécial du Conseil privé.

Après sa retraite en 1971, il publiera plusieurs volumes de mémoires, journaux quotidiens, sur un ton souvent enjoué où les portraits et les anecdotes se mêlent à des réflexions pénétrantes. Il évoque les situations qu'il connut, ses rencontres et des événements auxquels il participa durant sa riche carrière. Il disparaît le 8 juin 1995, à 88 ans.

Le Journal intime du diplomate : une double vie

Si on place à part ses souvenirs de son grand-père qui vécut centenaire[1], les « Mémoires » de Ritchie commencent par *An Appetite for Life. The Education of a Young Diarist 1924-1927*, qui concerne ses années de jeunesse, de 18 à 21 ans. Il publiera le volume à 71 ans, à partir de ses journaux intimes et, comme il le précise dans l'introduction, ce fut souvent à la limite de la tolérance de son *ego* d'adolescent – il dut en prélever des « morceaux choisis » – car il avait du goût pour la vie mais pas le moindre pour la comédie de la vie, dit-il.

Ce retour sur sa vocation d'écrivain le conduit à une réflexion qu'il poursuivra dans ses volumes successifs, sur la nature du Journal. Il résiste d'abord à la tentation de justifier l'écrivain : « Un journal n'est pas une création artistique » (p. 8, 12) ; il a une respiration propre, aux dépens de la forme et du style, car dans ce genre, « la vie n'est pas transmuée en art ». Il cite comme exemple de ce miracle réussi « l'œuvre de génie », *The Heat of the Day*, de son amie Elizabeth Bowen[2] dont il évoque souvent la présence. Il reviendra à plusieurs reprises sur ces questions au début de ses ouvrages suivants, notamment de *Diplomatic Passport*, dans la perspective d'un homme jeune mais mûri par les années de guerre et avec l'expérience de deux postes successifs, ou encore de *The Siren Years*. Cette inclination pour le Journal intime devint dominante à l'adolescence ; il ne s'en affranchit jamais entièrement, malgré des intervalles d'abstention et il continua toujours à griffonner. Cela demeurera le lieu secret d'interrogations et de confidences, souvent des plus radicales, portant rétrospectivement sur la logique de l'action à laquelle il participait et comportant des réflexions philosophiques sur le spectacle des relations internationales : « *There must be another place different from this. The whole world can't be the same. But what if it turned out to be ?* » (p. 4). Il s'interrogera encore dans l'introduction de *Diplomatic Passport* sur la « compulsion » qui le fait écrire chaque jour un compte rendu personnel : exercice d'égotisme ou confession, en même temps que manifestation de l'obsession du temps qui passe, de la vie qui glisse comme du sable entre les doigts, dont il faut retenir des grains avant qu'ils ne disparaissent. On dit que toute pesanteur humaine cache elle-même la grâce qui cherche à se manifester, rappelle Ritchie, qui se demande si tout auteur de journaux intimes

---

[1] *My grandfather house*, 1988.

[2] Elisabeth Bowen (1899-1973), écrivaine anglo-irlandaise qui publia des nouvelles et une quinzaine de romans, dont *Dernier automne* (1929), *La Maison à Paris* (1935), *Les cœurs détruits* (1938), *The Heat of the Day* (L'ardeur du jour) (1949) où cette romancière distinguée, déjà célèbre, évoque Londres pendant la guerre, et sa liaison avec le jeune diplomate, alors célibataire, qui en était amoureux.

contient un nouvelliste. Le rédacteur de journaux n'est pas un écrivain animé par une passion de la chronique historique, sociale ou politique – il lui manque l'art de la composition. Même si beaucoup d'écrivains sont de merveilleux auteurs de journaux, ils considèrent ces notes comme du matériau brut, non élaboré par l'imagination en résultat achevé.

Ainsi les journaux intimes de Ritchie ne sont ni totalement des mémoires de diplomate ni vraiment une œuvre d'écrivain mais des descriptions pittoresques des personnalités qu'il rencontra et des narrations vivantes d'événements auxquels il participa. C'est un Journal écrit pour lui seul, par différence avec ceux de plusieurs de ses collègues, qui offrent des informations et fournissent une contribution consciente à l'histoire. Toutefois, quarante ans de carrière marquent davantage qu'on ne le croit, observe-t-il, en particulier pour une carrière passée pour la plus grande partie à l'étranger, d'une Capitale à une autre, ceux qui mènent une existence déracinée où le poste tient lieu de foyer. Mais si la diplomatie est une profession qui exige la patience, la discrétion et un vernis d'amabilité – ce que rompt le Journal intime – l'homme perce parfois sous l'ambassadeur, avec son tempérament, ses humeurs et ses opinions.

On ne trouve pourtant dans ses journaux personnels aucune violation des sacro-saints secrets officiels, avertit Ritchie qui n'a emporté à son départ à la retraite aucun document et dont la vie professionnelle est enterrée dans les Archives. Pourtant, au lieu d'être un officiel compétent, laborieux et rationnel, le rédacteur semble un observateur désinvolte, flânant nonchalamment à travers le monde. Ce journal, dont les scènes peintes dans leur pittoresque et les réflexions imprévues donnent à penser, témoigne de ce que l'expérience fascinante de ces postes diplomatiques offre à un esprit perspicace et cultivé où beaucoup ne verraient que la succession de banalités événementielles, de circonstances et de gens nouveaux, politiciens, collègues diplomates, journalistes, personnalités célèbres ou qui s'imaginent l'être, auteurs véritables ou prétendus, vieilles tantes et jeunes beautés, réputés intéressants et souvent plus intéressants sans label, ironise-t-il – on retrouve ces scènes quand on saute d'Ottawa à Paris, de Delhi à Bonn, de Londres à New York (p. 2). Il le confirmera dans la Préface du quatrième volume *More Undiplomatic Diaries 1962-1971* : ni des mémoires historiques ni une étude sur le rôle du Canada dans les affaires internationales, ces journaux sont moins flatteurs pour l'*ego*. Ritchie rappelle que l'auteur est souvent tenté de réviser ses jugements lorsque les opinions qu'il a autrefois émises sur les personnes et les événements se sont avérées erronées – mais qu'il doit résister à cette tentation. Il ne veut pas non plus blesser les sentiments des personnes vivantes ou faire de la peine à des amis ou des proches d'un disparu, mais il risque alors, par une révision ultérieure, d'aseptiser le texte et de le dénaturer. La seule solution pour l'auteur du Journal serait de mourir avant sa publication ou, pour ceux qu'il y cite, de mourir avant lui – ce qui paraît une solution extrême, convient-il. En fait, le Journal est seulement une note pour l'Histoire.

Ses collègues diplomates, souvent présents dans ces mémoires, ne constituent pas une race particulière ; comme dit Ritchie, ma vieille profession, comme toutes les autres, a ses côtés triviaux, parfois grotesques, mais la plupart de ces praticiens sont des gens à l'esprit bien fait, humain et tolérant, qui consacrent beaucoup de leur énergie à la solution pacifique de problèmes et à prévenir des collisions violentes. Le Service canadien extérieur bénéficie ainsi de plusieurs des meilleurs cerveaux et des fonctionnaires les plus dévoués du pays. Enfin, bien que son cadre soit celui de la carrière diplomatique, le Journal demeure absolument personnel. Les gens qui y apparaissent comme une compagnie disparate, ne sont ni sélectionnés par ordre d'importance ni choisis selon le protocole. Les hommes d'État côtoient les auteurs, les maîtresses de maison ; les vieux amis, les plus jeunes, la vie dans les capitales où il séjourna successivement, les humeurs du rédacteur passant de la nostalgie à l'excitation. Si les auteurs de Journaux intimes paraissent inoffensifs, ils peuvent être dangereux, dit-il, car ils consignent des informations par écrit, parfois des choses maladroites ou indiscrètes, qui devraient s'évanouir dans l'oubli. Notre seule excuse serait que nous trouvons la vie si intéressante que nous ne voulons pas la voir glisser entre nos doigts sans laisser de trace (p. 2). Il achève cet « avertissement » par ce conseil à un collègue diplomate qui justifie la publication *ante mortem* de son journal et qui constitue comme une apologie de la double vie : « Bannissez la discrétion diplomatique de votre Journal et chassez de votre fonction diplomatique l'indiscrétion du chroniqueur. Une double vie est doublement agréable » (p. 2).

What are you ?

À partir du 19 septembre 1924, il ouvre et poursuit plusieurs thèmes que relate *An Appetite for Life* : sa vocation, ses lectures et sa formation, ses premières relations avec les adultes. La question de fond est alors celle de son avenir : de sa « vocation » dont il est convaincu : « *I really can write, I'm going to be an author* ! » (p. 3) qu'il pose très tôt, et de l'écriture comme la seule activité dont il se voit vraiment capable : « *I have given up dreaming of being a great writer* » (p. 4). Souvenir raconté à partir de ces carnets ou reconstruit après des décennies par l'écrivain mature : une discussion sur son avenir, avec sa mère, lui permet d'en prendre une conscience explicite, avouant : « *I should like to be an anthor but I haven't got the talent* », il s'attire l'inévitable réplique : « *You can't earn your living like that ; you must have some profession* » (p. 19) et à la question suivante, il répond *a priori* : « *perhaps into the diplomatic service* ». Il racontera trente ans plus tard, avec humour (*The Siren years*, p. 9) qu'après avoir fréquenté plusieurs établissements d'éducation, il était en 1921 « incarcéré » en pension dans « un camp de concentration anglican » en Ontario lorsqu'il eut un jour la surprise de recevoir une lettre aux armes du Canada, de l'ancien Premier ministre Robert Borden, ami de son père avec qui il avait fait ses études de droit. Il écrivait personnellement au jeune garçon de quinze ans, car il avait appris par sa mère son intérêt pour les affaires internationales, en lui faisant part de son espoir que le ministère ouvre bientôt ses services, ce qui pourrait être une carrière pour lui. Ritchie commente : « *I have this possibility in the back of my mind* » (p. 169). Il désignera cet épisode de sa vie, plus déterminant qu'il ne le croyait à l'époque en l'objectivant déjà : « *Thus was planted the germ of an ambition* ».

Il baigne dès cet âge où il va fréquenter l'Université, King's College, à Halifax, dans le milieu cultivé naturel à sa famille, dont témoignent ses lectures – il en gardera toujours le goût. Il découvre la beauté dans la vie et la création, grâce aux essais d'Oscar Wilde[3] : *Intentions*, et il ressent l'influence spirituelle de son *De profundis*. À Oxford, ses lectures éclectiques sont commandées par la nécessité des programmes, l'influence des professeurs et la stimulation des camarades. Il lit Hegel par obligation mais, avoue-t-il, « *I hate Hegel when I understand him* », s'étonnant qu'on puisse le placer à côté d'un penseur comme Spinoza, « qui est si lucide » ou de saint Thomas d'Aquin – enfin « *Hegel and algebra, what a diet !* » (p. 25). Son intérêt pour la philosophie se confirme. Platon l'enthousiasme : « *What a revelation it is !* », s'exclame-t-il aux dépens de son professeur : « *such a whiskered old lobster and so pedantic !* » (p. 67). Il se passionne pour la *Politique* d'Aristote dont il apprécie l'idée que passer son temps dans les choses utilitaires ne forme pas des âmes libres. Il lira à la même époque le *Léviathan* de Hobbes. Il a une discussion avec un ami, au sujet de l'éternité « *and the after life* » (p. 77). Il revient à deux reprises, avec étonnement, sur *Those Barren leaves* de Aldous Huxley, qui lui semble dépasser bien d'autres textes. Le Journal d'Henri Fox (*Henry Fox's Diary*) lui suggère le commentaire : « *I like a diary better then memoirs ; it is less made up afterwards to favour the writer* » (p. 66) ; il dévore simultanément *Lord Jim* de Conrad et *Overlegislation* d'Herbert

---

[3] Oscar Wilde (1854-1900), auteur notamment de *Intentions* (1891), recueil d'essais et de *De Profundis* (1895), écrit en prison.

Spencer[4]. Il disserte sur Voltaire historien, parcourt la *Gesta Francorum ; The Origins of the French Revolution*... Il prépare un mémoire qui ne semble guère susciter son inspiration, il étudie *Macbeth* qu'il juge « *The greatest play in the world* » (p. 73) et *Romeo and Juliet*. Un jour il protestera à l'occasion d'une discussion sur la religion : « Mais je ne suis pas intellectuel ! », s'attirant la réponse : « *What are you ?* » qui suscite sa réflexion, mais avoue-t-il alors, « *I dont know the answer* » (p. 159). Quand il sera à Toronto, il devra s'affirmer devant ceux qui croient se trouver au centre de l'univers, et pour qui la Nouvelle Écosse n'est peuplée que de pêcheurs et de paysans – d'autant plus que son attachement à la maison de famille est profond : « *The Bower* », près d'Halifax, bâtie en 1817, ornée d'une façade victorienne, où il a passé son enfance.

L'entrée dans la Carrière

The Siren Years. A Canadian Diplomat abroad, couvre la période de 1937 à 1945, ou de son premier poste à Washington jusqu'à son service à Ottawa, et particulièrement les années qu'il passa à Londres durant la Seconde Guerre mondiale.

Il avait été éduqué à Halifax dans une atmosphère – incompréhensible pour les Canadiens actuels, dit-il – où on ne valorisait pas à l'excès tout ce qui est « British » comme étant « *Upper Canada* » (p. 8) ; immergé depuis son enfance dans la vie anglaise, il n'était cependant pas Anglais, tient-il à préciser – en écho au mot de Wilgress enfant[5]. Sa famille, installée en Nouvelle Écosse depuis plusieurs générations, avait une dévotion romantique pour la Couronne et l'Empire, mais bien différente de la considération qu'ont les Anglais pour eux-mêmes. Ses membres se sentaient d'abord de Nouvelle Écosse, ensuite Canadiens puis Nord-américains, mais ils tenaient farouchement à leur différence.

Après des études qui lui semblèrent interminables, il entre au Département des Affaires extérieures en 1934. Le ministère était alors de taille aussi modeste que la place tenue par le Canada dans la politique internationale, dira-t-il. Il était composé d'une poignée de personnalités excep-

---

[4] Aldous Huxley (1894-1963) essayiste britannique, célèbre auteur de *Brave New world*, 1931 (*Le meilleur des mondes*), et d'écrits sur la spiritualité. Henri Fox (1800-1877) inventeur britannique du « Calotype », procédé de négatif photographique. Joseph Conrad, aristocrate polonais anglophone (1857-1924), aventurier, auteur de nombreux romans, parmi lesquels *Lord Jim* (1900). Herbert Spencer (1820-1903), philosophe et sociologue britannique, promoteur de l'évolutionnisme de Lamarck, théoricien libéral du « laissez faire », adversaire de la surlégislation, « *Overlegislation* » (1854) et de l'intervention de l'État.

[5] Cf. chapitre II.

tionnellement douées, convaincues que le Canada devait jouer son propre rôle dans le monde et conscientes de ce que devait être ce rôle. Ils collaboraient sans hiérarchie et avec humour, ne méprisant que la prétention et la bêtise ; ils devinrent ses amis.

Son premier poste à l'étranger en 1946, fut la Légation à Washington. Guère surchargé d'occupations, il eut le loisir de pénétrer la société locale et internationale. Il rencontre le milieu diplomatique, découvre les particularités de la fréquentation de l'ambassade soviétique ; il lit Shakespeare dont il trouve étonnamment moderne le personnage de *Henri IV*. Le ministre, Sir Herbert Marler, spécimen du « vieux milieu négociant anglo-saxon montréalais », dit Ritchie (p. 13), dont ce n'était pas vraiment le genre, était aimable avec lui. Le jeune secrétaire se délectait des manières peu raffinées et naïvement pompeuses de son chef de poste et de son épouse ; prenant un jour leur voiture avec leur petit garçon, M. Marler dit au chauffeur : « Sa petite Excellence va monter devant avec vous ! » – du même ordre que, presque un siècle auparavant, l'épouse d'un ambassadeur français[6] faisait inscrire sur ses malles : « Son Excellence Madame... ». Retourné quelque temps de Washington à Halifax, il est étonné des mesquineries d'une ville provinciale où tout s'épie, se répète, se déforme, lieu de la médisance et de la crainte de passer pour « un communiste ou un partisan de l'amour libre, d'avoir heurté les sentiments de quelqu'un ». Chez les Américains il découvre une défiance envers tout compromis avec l'Allemagne et un sentiment anti-nazi plus fort que celui qu'il rencontrera plus tard en Angleterre. Un jour, entendant à la radio un discours d'Hitler, il est impressionné par l'effet de sa voix sur les nerfs, et les dangers pour une population qu'il excite à l'extrême – « *What a technique !* » s'écrie-t-il. Cet énervement se change bientôt en scepticisme démobilisateur. Ritchie ne trouve dans la guerre aucun idéal, aucune « noble cause » qui justifie le sacrifice de sa vie ; sans confiance dans l'avenir ni conviction de défendre le droit international ou la liberté – « nous combattons parce que nous ne pouvons nous soumettre plus longtemps au chantage d'un gangster, dit-il. Nous avons voulu la fin mais nous n'avons pas voulu les moyens pour l'atteindre » (p. 24-27).

Il avait appris l'art des dépêches diplomatiques dont il voyait revenir ses essais raturés par le conseiller de la Légation – qui l'incita à modifier son style « impressionniste », à substituer « penser » à « sentir » : « Les membres du Service canadien étranger ne sentent pas, ils pensent ! » disait son mentor, qui néanmoins, conclut sa notation en jugeant que Ritchie avait « un instinct pour les réalités politiques », comme le

---

[6] Arthur de Gobineau, ministre de l'Empereur à Athènes.

découvrira avec soulagement et non sans quelque malignité le jeune diplomate (p. 27).

De Washington qu'il avait aimé comme une jolie ville, et après ce qu'il considéra comme des « vacances », il est transféré à Londres, en janvier 1939, au Haut commissariat – *Canada House* – auprès de Vincent Massey, dont les sentiments reflétaient les vues du Premier ministre William Lyon Mackenzie King. Faisant office de secrétaire privé du haut-commissaire, Ritchie lui était tout dévoué, attiré par sa personnalité – « c'était un acteur né », dit-il – et par l'agrément de sa compagnie. Cette admiration n'était pas aveugle car, suivant des réminiscences de sa lecture de Hegel, « il n'y a pas de héros pour son secrétaire privé ». Ritchie fut reçu familièrement chez son patron et son épouse Alice ; sinistrés par les bombardements, ils l'accueillirent au confortable hôtel Dorchester où ils résidaient, et leurs fils Lionel et Hart devinrent ses amis. Le contraste des tempéraments – la discrétion de M. Massey et l'impulsivité de son épouse – sautait aux yeux, autant que leur mutuel attachement.

Ritchie découvre l'ambiguïté des attitudes et de leurs interprétations, qui ne facilite pas la vie quotidienne du diplomate : d'une part les affirmations de Mackenzie King dans son ouvrage *Canada at Britain's Side*, tout en suspectant en même temps *Whitehall* d'élaborer des plans contre l'indépendance du Canada et de maintenir le pays dans le giron du vieux cadre impérial. D'autre part le Premier ministre en vint à croire que son représentant, V. Massey, se laissait dominer par de fâcheuses influences britanniques. Ainsi les succès mêmes de Massey à Londres – ses introductions dans la société auprès des politiques, des journalistes, du monde de l'art, des hauts fonctionnaires, et jusqu'à la Cour qui appréciaient sa compagnie et respectaient ses vues – se retournaient contre lui : le Premier ministre réagit « avec une intense irritation à la familiarité de Massey avec les Grands » (p. 11). Ritchie éclaire ces paradoxes et ces ressentiments par l'écart des conceptions politiques, car Massey était un défenseur des intérêts du Canada en tant que membre actif du Commonwealth. Mais tout ceci se fondit bientôt dans l'atmosphère de la situation de guerre.

Devant la guerre : le réel et l'irréel

Ritchie analyse la nature de la vie diplomatique quotidienne, au plus près de toutes les obligations de son patron, victime de ses propres engagements, qui passe la plupart de ses journées à faire des choses non indispensables qu'il ne veut pas faire. Toutefois, précise le secrétaire, nous ne sommes pas malheureux. Nous sentons que le rituel de nos vies est obligatoire – nous grognons mais nous nous soumettons volontiers à la nécessité. Un observateur extérieur pourrait seulement s'imaginer que nos interlocuteurs forment une collection de mégalomaniaques hyper sensibles (p. 29). La vie se déroule dans une atmosphère irréelle, ponctuée par les nouvelles de sombres menaces en Europe qui atteignent chaque jour l'Angleterre. Ritchie se fond alors dans le milieu londonien où il est invité ; il apprécie le cinéma, les lectures, les concerts, la vie nocturne, les relations, les amitiés. Il décrit les divers milieux qu'il rencontre : officiers aux moustaches distinguées, collègues de Service du *Foreign Office*, des ambassades étrangères, femmes en uniforme, aristocrates, esthètes, dans Londres qui redoute la guerre menaçante. Le 1er septembre 1939, M. Massey revenant de la Chambre des Communes, rassemble son personnel dans son bureau dégarni des tableaux de prix et, très excité, annonce : « Nous serons en guerre ce soir ! ».

Ritchie ressent les états d'âme des londoniens, partagés entre l'attente fataliste, l'incrédulité et le patriotisme, et les compare avec le découragement des Français dont il verra une l'illustration dans le *Voyage au bout de la nuit* de Céline – texte aussi important, estime-t-il, que les dépêches des diplomates. Il lit Gide qu'il trouve le meilleur antidote à la banalité d'un dimanche britannique ; Colette dont il admire le style lisse et limpide de *Chéri*. Il reçoit dans son bureau les complaintes, les espoirs et les demandes d'émigration au Canada, participe à la gestion des prisonniers. Il rencontre en septembre 1940 au Quartier général, le général McNaughton – « *a prima donna* » (p. 64) – mais, les semaines de raids aériens, il sent de près le souffle du danger réel : « Nous avons conscience de façon aussi permanente du danger que des animaux dans la jungle, dit-il (p. 65). Il décrit la vie urbaine à travers la peinture qui retient le trait spécifique ou cocasse des attitudes, des lieux, sans s'appesantir sur les événements qui lui donnent à penser, au devenir des civilisations attachées à ce qui touche sa sensibilité : "*Cities are nothing without their bodies !*" (p. 68) ; quand vous avez détruit Paris et Oxford, qu'en est-il de leurs âmes ? ». Mais il éprouve de la honte devant les dépêches qu'il prépare pour Ottawa, qui brossent un tableau officiel de l'Angleterre en guerre sans tenir compte des divers courants qui en constituent la complexité. C'est que M. Massey ne veut pas troubler le Gouvernement dans sa conviction de lutter pour la survie de la démocratie, la liberté de penser et l'individualisme, aux côtés de l'Angleterre traditionnelle, car tout ce qui perturbe ce schéma pourrait affaiblir l'effort de guerre et gaspiller la volonté – Ritchie est amusé de l'entendre dire parfois que ses dépêches sonnent comme des discours socialistes ! (p. 86). Certains jours M. Massey envisage de publier ses Mémoires – mais il les écrirait dans la prose qu'il préfère – celle du *Times* ordinaire – c'est dommage, car sa conversation a la vivacité de la phrase pour produire un vivant tableau de la scène londonienne. Hélas, conclut Ritchie, sa révérence pour cette société est trop forte.

Des portraits cocasses illustrent des qualités d'observateur du diplomate et attestent son style d'écrivain, à partir de ses rencontres et de ses échanges : par exemple avec son amie poétesse Elizabeth Bowen dont le charme et l'intelligence le stimulent – à qui T.S. Eliot[7] avait dit que sans alcool il ne pouvait jamais se mettre en état d'écrire ses poèmes (p. 127) ou de personnalités politiques, et aussi de contacts dramatiques comme en mars 1941, lorsqu'il apprend que plusieurs personnes qu'il avait croisées en diverses occasions venaient d'être tuées sous les bombardements. Il fréquente les restaurants et les *Clubs*, entend Harold Nicolson[8] raconter des histoires ; déjeune avec la duchesse de Westminster, va voir *Orphée et Eurydice* et invite la ballerine à déjeuner au Ritz, traverse avec nonchalance les parcs de Londres en oubliant les contraintes. En mars, les Massey reçoivent la Reine pour le thé, entourée de sept ou huit invités, et les secrétaires de la Maison formant cercle devant elle, Ritchie observe : « *fabulous charm ! Intelligence, enormous control ! It was a perfect performance* » (p. 97).

Le va et vient de soldats américains croisant des Anglais dans les rues lui inspire des réflexions sur la perception des uns par les autres qu'éclaire celle que le diplomate canadien s'est depuis longtemps forgée des deux : les Anglais détestent être secourus par les Américains – ils doivent l'avaler mais ça leur colle au gosier, dit-il (p. 100). Les Américains sont tout à fait fondés dans leurs suspicions envers les Anglais, tandis que les Anglais ne le sont pas moins dans leur conviction qu'ils sont supérieurs aux Américains. Ils ont encore la fermeté, le stoïcisme et l'autodiscipline qui font un peuple – une « race » – ordonnée ; mais, demande-t-il, à quoi leur serviront ces qualités si le flux de l'histoire et de l'économie se retourne contre elles ? Et comment l'Américain vif, généreux, imaginatif, organisera-t-il la Cité dans le monde d'après-guerre ? Ritchie parcourt les rues aux riches immeubles témoins d'une culture, et sa prière traduit sa sincérité : « *Oh God, give us back our bad, old world* » (p. 129), car dit-il, « en cette période exceptionnelle, en mai 1941, où tout le monde est d'accord pour dire publiquement que la mort vaudrait mieux que la défaite et où chacun risquerait sa vie demain, le sentons-nous vraiment ? ». Il ne le croit pas mais, ajoute-t-il, « si c'était

---

[7] Elisabeth Bowen : voir note 2. T.-S. Eliot : voir chapitre VII, note 9. E. Bowen participa au Cercle de Bloomsbury avec Eliot.

[8] Harold Nicolson (1886-1968) suivit son père diplomate dans ses postes à l'étranger avant d'intégrer lui-même la Carrière. Il participa en 1919 à la Conférence de paix à Versailles et entra dans la politique entre les deux Guerres. Auteur d'ouvrages historiques, de *Diplomacy* (1939) et d'un Journal.

nécessaire, je le ferais » (p. 104). Au détour d'une anecdote où il évoque le mépris des intellectuels pour le clinquant vulgaire de l'étalement des richesses, il en distingue les esthètes, parmi lesquels il se place, qui ont leurs doutes et leurs pressentiments.

Il rapporte un mot entendu sur Churchill : « Il a beaucoup d'esprit mais pas d'âme » (p. 111). En réalité, commente Ritchie, c'est un vieux pirate, mais c'est la seule protection qui préserve l'Angleterre d'un gouvernement de Vichy. L'Anglais moderne « ne semble pas avoir le moindre désir d'imposer sa volonté ou sa vision de la vie à quiconque, mais on ne peut imaginer que, si la guerre est gagnée, ces gens soient destinés à réorganiser le continent européen car « *They have nothing to say to Europe* » (23 juin 1941, p. 112). Seules les intéressent les conditions de vie et les avantages de l'Angleterre – les jeunes gens de la classe moyenne lui semblent superficiels, un grand nombre ne pensent qu'à trouver un emploi de cadre en Amérique. Il s'interroge encore sur son appartenance à la communauté et sur son engagement à son service (p. 123), sur le bonheur et le sens de sa poursuite, qui est proclamée dans la Déclaration d'Indépendance américaine comme un but politique, alors que c'est d'abord un problème technique. Le 7 décembre 1941, après l'attaque sur Pearl Harbor, il n'a pas entendu un mot de sympathie pour les Américains, de la part de ceux qu'il a rencontrés. Le drame les a saisis par « la peau du cou », selon son expression, et les a jetés dans la guerre. Il appréciera le ton juste du discours de Roosevelt, très choqué par l'événement.

What is a Canadian ?

Méditant sur ce qui arrivera au Canada après la guerre, il s'interroge : « *What is a Canadian ?* » et conclut : « Nous sommes un nouveau type parmi les nations du monde » (p. 148), dont le pire ennemi est l'autosatisfaction. Mais comment les Anglo-canadiens et les Canadiens français vont-ils vivre ensemble dans l'avenir ? À ses yeux, ils n'y ont jamais réussi, mais ils n'ont pas vraiment essayé de devenir une nation bilingue – et le sentiment des Canadiens-français est partagé, comme il le sait par expérience, dans les provinces maritimes. Certes cette guerre creuse plus profondément le fossé entre francophones et anglophones, du fait de la « conscription » – mais surtout nous n'avons guère fait d'efforts, les uns et les autres, pour nous comprendre, souligne-t-il. Ces constats conduisent cependant à l'espoir car l'absence de volonté politique du Canada d'avant-guerre pour sortir d'une « absurde relation démodée de Dominion provincial », peut s'inverser : la sortie de la guerre serait l'occasion d'un changement d'attitude et de statut : « *The post-war period is our great opportunity* » (p. 149), car la guerre rend la population impatiente et favorise une évolution – fondée sur les qualités des Canadiens : le sens de l'idéal, l'énergie, la réserve, l'esprit pratique. Si nous pouvons briser le carcan qui nous enserre, dit-il, nous pourrons faire du Canada un bien meilleur pays où vivre, car ce qui nous étouffe, c'est le système social, économique et politique. Ce plaidoyer apparaît comme l'aboutissement d'une réflexion mûrie à travers les événements et les rencontres. Il est contredit par l'incident provoqué en janvier 1944 à Toronto par Lord Halifax[9], ambassadeur de Grande-Bretagne à Washington, venu faire l'apologie de la solidarité d'un Commonwealth étroitement uni. Ce discours « *ineptly* » (p. 163) qui trahissait une méconnaissance de la psychologie canadienne, hérissait Ritchie, pour qui cette question tenait tout entière dans l'esprit avec lequel on approche les problèmes du Commonwealth : la seule façon d'atteindre des objectifs communs serait d'y œuvrer « *in our separate ways* » (p. 164), dit-il. La perspective des Nations Unies permettrait d'élargir le cadre de l'entreprise. Mais ces points de vue sont rarement partagés en Grande-Bretagne et aucun membre de la Chambre des lords ne fait preuve de la moindre compréhension de la réalité que « le Canada est une nation dotée d'une âme qui lui est propre » (p. 165).

Il se demande, en janvier 1943, s'il devrait rejoindre l'armée ou non – il ne s'y voit guère utile mais il éprouve une mauvaise conscience de ne pas s'engager – « *I have now a card to play against myself* » (p. 157). Lorsqu'en mai 1944, c'est le débarquement en Normandie, Ritchie franchit le pas : il est en mission, mais sans ordre. Il quitte Southampton le 17 juin, à bord d'un bateau de débarquement qui mouille devant Arromanches ; les troupes débarquent. Il a eu le temps de converser avec le jeune commandant et de découvrir dans la petite bibliothèque du bord des textes de Platon, également *Guerre et Paix* et *De la Liberté* de Mill[10]. Il saute sur la terre française le 18 juin, sous la pluie, sans être arrêté par aucun obstacle, présenté comme chargé d'une mission d'information… Il dépasse Bayeux, emporté par l'avance mécanisée des troupes au milieu d'une population heureuse de voir enfin passer ses libérateurs. Au Quartier Général du général Keller, à seulement deux miles des lignes allemandes, il lit un message de sympathie du Premier ministre, qu'il avait préalablement pris soin de rédiger, auquel le Général répond par des remerciements et un message au peuple canadien

---

[9] Cf. chapitre III, note 7.

[10] John Stuart Mill (1806-1873) philosophe et économiste anglais, théoricien du libéralisme politique (*Essay on Liberty*, 1859), de la démocratie constitutionnelle et de l'utilitarisme (*Utilitarianism*, 1863), était convaincu que la régénération morale doit précéder la régénération sociale. Il fut inspecteur à la Compagnie des Indes orientales, député libéral, et auteur d'une autobiographie.

(p. 174). Deux jours plus tard, Ritchie rembarque à Arromanches, où il apprend qu'un de ses amis a été grièvement blessé. Il rentre en Angleterre après cette excursion qui lui avait procuré le soulagement d'avoir participé à l'événement historique.

Durant ces périodes d'attente et celle de son engagement, il n'a jamais cessé de lire, que ce soit *Mademoiselle de Maupin*, les *Memoirs of my Dead Life*, de George Moore[11], *Byron en Italie*, *Tristant et Iseult* réécrit par Joseph Bédier. L'Évangile de Saint Jean le conduit à méditer sur l'affirmation de la divinité du Christ introduite dans le monde, « *a comet miraculously lighting up the sky* », non réduite à une morale (p. 151).

En février il est appelé à Ottawa, pour une période de « rééducation » (*sic*) (p. 185) au Département, où il se sent bientôt comme à l'école. Il réfléchit sur le sens de la paix pour traiter les problèmes qu'il faudra dorénavant résoudre dans une situation nouvelle – la paix permanente lui apparaît une illusion comme de chercher la « solution » d'un « problème politique », ce qui est le langage des mathématiques.

Le « cirque » de San Francisco

Bientôt, il est envoyé à la délégation canadienne pour la Conférence de San Francisco qui ouvre le 25 avril 1945 et inaugure la fondation des Nations Unies, événement considérable auquel il participe directement. Son Journal offre, comme toujours, le double intérêt de rapports dus à son observation judicieuse et de commentaires pertinents, souvent humoristiques. Du 26 avril au 28 juin 1945, les travaux de la Conférence rassemblent à l'Opéra, comme dans un huis clos monacal, sous des lumières éblouissantes et dans une chaleur moite, les représentants des pays. Comme l'observe Ritchie, chacun veut faire remarquer sa présence, souvent par une logomachie convenue qui assoupit la plupart les délégués ou en fait bondir quelques uns, laissant peu de temps à la rédaction de résolutions destinées à réguler le sort de l'humanité et les relations internationales. Il examine et décrit le spectacle comme un entomologiste et un ethnographe, et son humour ne l'empêche pas de penser à la spécification et aux enjeux de cette réunion des nations du monde.

---

[11] *Mademoiselle de Maupin* (1835), roman de Théophile Gautier, dont l'ironie teinte la Préface. George Moore (1852-1933) auteur irlandais, poète, mémorialiste, publia une vingtaine de nouvelles et des pièces de théâtre – ainsi que des souvenirs, notamment *Mémoirs of my dead life* (1906).

Il peint avec un humour malicieux la scène et les acteurs sous les projecteurs dans une description qui reste un morceau d'anthologie[12] : « San Francisco est aussi vivante qu'un cirque – le cadre et le public sont beaucoup plus amusants que les travaux de la Conférence », et le spectacle de la rue donne l'atmosphère d'une comédie musicale. Les délégués sont l'objet de la curiosité, « […] les inévitables Arabes, des Indiens enturbannés qui valent le prix de l'entrée, un prince saoudien aussi gominé que Valentino, tandis que les délégués sont en complet portant le macaron de la Conférence, ressemblant aux participants à un congrès des élans […]. Les Russes […] impressionnent et inquiètent un peu. Des groupes d'officiers soviétiques à l'allure de paysans au masque figé s'assoient à l'écart dans les restaurants et les gens les dévisagent comme s'il s'agissait de bêtes sauvages […] figés, ils veulent éviter de faire rire de l'Union soviétique ».

Il décrit ses collègues

Les deux hauts fonctionnaires les plus influents de notre délégation sont Norman Robertson et Hume Wrong. Il est difficile d'imaginer deux êtres plus dissemblables. Hume a un visage pâle aux traits fins et a l'habitude de se frotter la nuque d'un geste rapide qui trahit une impatience croissante. Au premier abord, il inquiète, inquiétude qui pourrait être justifiée car il ne tolère absolument pas la confusion, l'inanité ou la stupidité pure et simple. Son élégance transparaît dans tout ce qu'il fait, depuis la façon dont il porte son pardessus jusqu'à la prose de ses notes de service. C'est un réaliste qui comprend malheureusement mieux les forces politiques qu'il ne comprend les hommes politiques eux-mêmes. Norman les comprend au contraire fort bien et a de l'influence auprès du Premier ministre […]. Son intelligence est aussi vaste que son imposant gabarit aux épaules tombantes. Il a un « déplacement » considérable, comme on le dit des paquebots, aussi bien physique qu'intellectuel, et ses apartés ironiques, ses éclairs de sagesse et ses soupirs de résignation en font quelqu'un de merveilleux lorsqu'il est en société.

La seconde réunion de la session plénière est ouverte par Edward L. Steettinius, secrétaire d'État américain, « qui mâchonne un chewing-gum ou des restes de son déjeuner, et qui lit son discours comme un prédicateur laïc, avec une émotion artificielle ». Après les représentants du Chili faisant obédience aux États-Unis, puis de la Chine, Ritchie se souvient que Molotov suscita une intense curiosité et une nervosité dans l'assemblée – mais pareil à quelque terne employé d'une administration, son discours interminable ennuie les auditeurs. De plus, les représentants des Grandes puissances dans les Comités spécialisés ne brillent ni

---

[12] Cf. p. 192-203. Voir aussi : « La Conférence de San Francisco : un véritable cirque », in *Les Canadiens et les Nations Unies*, par Clyde Sanger, ministre des Affaires extérieures, Ottawa, 1988, p. 13-16.

par leur éloquence ni par leur autorité – se contentant la plupart du temps de répéter : « Faites confiance au Conseil de sécurité. Ne faites rien qui compromette l'unanimité ». Les délégués français manquent d'assurance – on ne sent pas qu'ils ont la France, « la grande nation » derrière eux ; Paul Boncour est trop âgé et trop fatigué, de même André Siegfried[13]. D'ailleurs tous les délégués européens trahissent cette fatigue – l'Europe se borne à être présente à cette Conférence. Quant aux Américains, ils s'accrochent, comme les Anglais, au droit de vote des Grandes puissances, en veillant à contenir les tentatives des Soviétiques.

Les travaux des comités durent des journées entières, parfois sept heures durant, et empiètent sur les nuits. Le 6 juin, les séances particulièrement éprouvantes, inspirent à Ritchie des descriptions et des observations pittoresques :

> Le président ukrainien a un peu manié le knout lorsque les Latino-américains se lançaient dans des envolées. Ces orateurs professionnels ne visaient qu'à monopoliser la parole. Les délégués d'Amérique latine cherchaient à placer des allusions à leurs vendettas locales en les présentant dans des termes juridiques. Les représentants des puissances coloniales, délégués de rang subalterne (leurs chefs dînaient), craignaient que la moindre allusion aux mots « justice » ou « droits de l'homme » ne dissimule des critiques du régime colonial.

Ritchie se souvient :

> Jusqu'à minuit nous avons continué à discuter des principes qui doivent guider la conduite des hommes et des nations. À onze heures du soir, les visages hagards se faisaient nombreux autour de la table. La salle était devenue très chaude et malodorante ; des dizaines de politiciens bien gras transpiraient abondamment [...]. Le délégué égyptien, inépuisable, bondissait comme s'il était monté sur des ressorts en s'exclamant : « je rappelle le règlement, Monsieur le Président », puis replaçait son monocle pour observer ses victimes impuissantes. Le Norvégien m'inspirait des pensées de meurtre, dit Ritchie, avec ses interminables interventions faites d'une voix bêlante et obstinée [...]. Dans le comité d'*egos* dégonflés, des hommes d'État mortifiés se foudroyaient du regard. C'étaient d'éminentes personnalités politiques et des juristes distingués de la moitié du monde, traités comme des gamins par le Président, mais nous avions fini à l'heure, au risque de prendre des décisions hâtives. Les Soviétiques en profitent pour ramener leurs questions en comptant que, par faiblesse, nous céderons. Leur ton et leurs manières semblent devenir chaque jour plus ouvertement brutaux et agressifs.

---

[13] André Siegfried (1875-1959), géographe, sociologue, participa à des missions internationales pour le Gouvernement, et à la Conférence de San Francisco, avec Paul Boncour, ancien délégué à la SDN.

Il note à nouveau le 19 juin 1945 : « Ils ont toujours la même tactique agressive. Ils n'ont aucune souplesse pour s'adapter aux changements et ils sont paralysés par l'imprévu, ralentissant les débats pour gagner du temps et télégraphier pour demander des instructions ». Mais, leur accorde Ritchie, ils ne cherchent pas à entraver la conférence. Au cours de la cérémonie de clôture, qui donnait le sentiment d'un gala, les discours proclamèrent que l'humanité était embarquée dans un effort nouveau pour organiser le monde sous le règne de la paix, commente Ritchie qui, le 28 juin 1945, la conférence terminée, se demande « dans quelle mesure elle a pu être un écran de fumée permettant aux Grandes puissances d'affirmer leurs positions ». À travers ces péripéties, il trouve la satisfaction de conversations avec des collègues en des occasions diverses, parfois inattendues, qu'il raconte avec son humour familier. De retour à Halifax, « *among my own people* » (p. 204), il est impressionné par l'« américanisation » qui gagne le Continent.

Désillusions et espérance

La suite du Journal, le troisième volume – de 1946 à 1962 – est publiée sous le titre *Diplomatic Passport. More Undiplomatic Diaries*, en 1981. Il est dédié en anglais « À mes amis d'autrefois et d'aujourd'hui au Département des Affaires extérieures ». Elle couvre les postes qu'il occupa successivement à Paris, Ottawa, Bonn et New York. Après une brève analyse de la nature de son Journal et un retour sur le fond quasi-métaphysique de ses interrogations, Ritchie rappelle comment l'époque de l'immédiat après-guerre, ouverte par la Conférence de San Francisco, était déjà marquée par la rivalité Est-Ouest ; mais c'était une période excitante pour un haut fonctionnaire, car l'histoire évoluait. À côté de l'isolationnisme de M. King, le Premier ministre, une autre perspective se dessinait dans le pays : il apparaissait de plus en plus évident qu'il était de l'intérêt du Canada de tenir son plein rôle dans la construction d'un ordre international plus sain et plus stable. D'ailleurs l'éclipse momentanée des grandes nations d'Europe et d'Asie, épuisées par la guerre, plaçait le pays au premier plan dans la communauté mondiale. Le ministère des Affaires extérieures élargit son influence avec la nouvelle équipe de Norman Robertson, auprès de Mike Pearson comme ministre et Louis Saint-Laurent comme Premier ministre. Grâce à ces internationalistes convaincus, la diplomatie du Canada gagna un large respect international, commente Ritchie qui appréciait, dans cette période de restructuration, de servir à Ottawa, au centre des décisions – car « le pouvoir est au centre », comme disait Churchill.

Toutefois, il regardait au-delà de l'horizon. Il accueillit avec joie sa désignation en janvier 1947, comme conseiller à l'ambassade du Canada à Paris. Il en avait eu déjà un avant-goût l'année précédente comme conseiller de la Délégation canadienne à la Conférence de Paix entre les Alliés, l'Italie et les États des Balkans – cette réunion au Palais du Luxembourg, que la Presse britannique avait comparée au *Huis clos* de Sartre, où chacun restait prisonnier de son passé, et qui avait tourné en un autre épisode de la guerre froide en générant désillusions et cynisme, où s'était confirmée l'attitude des soviétiques aux nerfs et aux estomacs d'acier. Les affaires internationales devenaient un champ de bataille qui suivait les lois de la guerre où chacun devait être doté de résistance physique, mentale et nerveuse. Il avait lu *Le Zéro et l'Infini* d'Arthur Koestler[14] – et il se demandait si on pourrait dorénavant rester vraiment à l'abri des terrifiantes aberrations des bureaucraties, alors qu'on avait employé la bombe atomique pour anéantir l'ennemi, en tuant des innocents. Qu'est devenu l'humanitarisme de 1939 ? Si nous mettons entre parenthèse la pitié et la moralité en temps de guerre, dit-il, pour y revenir après les hostilités, les Soviétiques demeurent en état de guerre permanent. Comment coopérer avec eux, sinon pour des objectifs limités et concrets qui offrent aux deux parties des avantages, tout en s'épiant avec des yeux de lynx (p. 9) ?

Paris retrouvé

L'ambassadeur du Canada en France, le général Georges P. Vanier[15] dont la famille était d'origine française, jouissait d'une estime unanime dans la communauté diplomatique et auprès des officiels français. Les politiques venaient le consulter, confiants dans son jugement, son intégrité et sa discrétion, témoigne Ritchie. Son épouse, Pauline Vanier, distinguée et généreuse, aplanissait toutes les difficultés par sa spontanéité. C'était de fervents catholiques qui vivaient leur foi (p. 14). Ritchie fut accueilli par eux comme un ami, presque un membre de la famille ; il aimait beaucoup travailler avec l'ambassadeur, avisé, perspicace et spirituel. L'ambassade était installée dans un hôtel particulier de l'avenue Foch. Ritchie loua un appartement boulevard Saint-Germain. Il retrouva à Paris de vieilles connaissances de passage et des amis chers. Il rencontra des politiques chez les Vanier, des intellectuels comme Jacques Maritain[16], qui connaissait le Canada, et André Malraux –

---

[14] L'individu est zéro, le Parti c'est l'infini.
[15] Cf. chapitre II, note 4. Parmi de multiples témoignages, Élisabeth de Miribel trace un vivant portrait du général et de Madame Vanier, et évoque le ralliement du Général à la France Libre, in *La liberté souffre violence*, Plon, Paris, 1981, p. 70 et ss. Et cf. note 17.
[16] Jacques Maritain (1882-1973) philosophe néo-thomiste, ambassadeur de France auprès du Saint-Siège (1945-1948), professeur à Princeton et dans des universités

s'agissant du général de Gaulle, il disait à des interlocuteurs que rien n'a jamais été réussi en France que sous le pouvoir d'un seul homme : par exemple Clemenceau, Briand, Poincaré. Mais Ritchie ne suit pas ces parallèles osés et les jugements à l'emporte-pièce ne lui inspirent pas confiance. En revanche, il est ébloui par Élisabeth de Miribel[17] et sa personnalité rayonnante. Il apprécie la compagnie des Français, qu'il trouve très différents des Canadiens : gais mais non exubérants, ils ne rient pas souvent et restent assez conventionnels. Ils n'ont pas l'habitude de l'excentricité et manquent d'humour.

Il est l'hôte et le centre de fêtes – même d'une « Semaine Ritchie », en présence de son épouse Sylvia. L'épilogue de *The Siren Years* (p. 210) rappelle qu'il avait eu la chance de faire un heureux mariage, le plus grand bonheur de sa vie : Sylvia l'a encouragé durant plus de 25 ans et soutenu avec sagesse et dynamisme dans toutes ses entreprises – il lui avait fait sa demande en mariage, par téléphone, en l'appelant à Ottawa. Il s'y maria en janvier 1948 et ils retournèrent ensemble à Paris, s'installer dans une charmante maison à Passy, jusqu'à son retour au Canada. Pourtant il finit par trouver le travail monotone car aucune affaire d'importance ne retenait l'attention d'Ottawa, et c'est avec soulagement qu'il apprit en janvier 1950, sa nomination comme sous-secrétaire d'État adjoint pour les Affaires extérieures. Ces années-là furent les plus satisfaisantes de sa carrière, jugera-t-il rétrospectivement. Il éprouvait un sentiment d'accomplissement d'avoir atteint ce rang, de contribuer au fonctionnement du ministère en traitant les problèmes les plus variés et d'appartenir à un groupe loyal et soudé. C'était un bonheur de travailler avec Arnold Heeney, le sous-secrétaire d'État, grand serviteur de l'État et ami proche, des collègues remarquables et dévoués, à cette époque où l'intérêt était soutenu par la place nouvelle que prenait le Canada sur la scène internationale, à l'OTAN, aux Nations Unies – tout était stimulant.

Son Journal servait d'exutoire pour ses descriptions de la vie quotidienne à Ottawa, souvent ramenée au constat : « *Work* ». Bientôt, à

---

canadiennes, notamment à l'Université Laval, auteur de nombreux ouvrages insistant sur la primauté du spirituel.

[17] Élisabeth de Miribel (1914-2005), arrière petite-fille du Maréchal de Mac-Mahon ; à 24 ans secrétaire du Général de Gaulle à Londres où elle dactylographia le texte de l'appel du 18 juin 1940 au 6 Seymour Place. Elle créa un Comité de la France Libre au Québec où elle connut Jacques Maritain et accueillit le commandant Thierry d'Argenlieu. Après quatre ans passés au Carmel, elle entra au ministère des Affaires étrangères et servit dans plusieurs postes diplomatiques. Elle publia une biographie d'Édith Stein (*Comme l'or purifié par le feu*, Plon, 1956). Elle considérait le général Georges Vanier et Mme Pauline Vanier qui la reçurent au Québec, comme ses parents adoptifs.

l'automne 1953, il avoue à Mike Pearson qu'il souhaiterait repartir en poste à l'étranger, mais son ministre veut garder auprès de lui ce diplomate travailleur. Il sera question de le nommer ambassadeur à Madrid, ce qui ne l'enchante guère car il craint le désœuvrement. Il considère les affaires politiques comme l'art de l'équilibre du choix, du risque calculé, en évitant les antagonismes inconciliables. Il préfère les voies humaines et celle du savoir-faire mêlé à l'intuition, aux réglementations.

Un caractère. Le jeu de l'ambassadeur

En décembre 1953, il accompagne le Premier ministre dans un large périple officiel en Europe, au Moyen-Orient et en Asie. De Paris, qui lui apparaît politiquement morne, où le Premier ministre rencontre Robert Schuman, il passe à Bonn où tout manifeste une ligne politique établie, un dynamisme – ce qui inquiète Ritchie, qui préfèrerait voir Paris guider l'Europe (p. 59). Le chancelier Adenauer l'impressionne par sa hauteur de vues : son autorité a une touche « catholique », il apparaît « adroit, patient et ironique ». À Rome il est reçu par son ami l'ambassadeur Pierre Dupuy. Enfin, c'est le Moyen-Orient : Bahreïn, Peshawar qui le fascine, Lahore, New Delhi et la résidence du Vice-roi, Lord Mountbatten ; il rencontre Nehru en présence de Escott Reid, le haut-Commissaire du Canada, passionné de l'Inde. Il raconte de pittoresques moments, conversations et avatars, comme le bagage égaré du ministre, privé de son pantalon de smoking avant le dîner officiel que lui offre Nehru. Il constate, dans ce pays de spiritualité, un sentiment général anti-américain qu'il comprend mais qui l'agace – les États-Unis étant accusés tour à tour d'isolationnisme et d'impérialisme : s'il affirme amplement sa liberté de les critiquer, il se trouve instinctivement à leurs côtés devant les attaques qui les visent. Il converse longuement avec Indira, la fille de Nehru, qui lui parle d'humanitarisme avec froideur. Puis Colombo, ensuite Jakarta avec Sukarno, Séoul et la visite aux troupes canadiennes sur le front, Tokyo et le déjeuner avec l'Empereur. Enfin ce périple le ramène à Ottawa en mars. Il rédige laborieusement huit brouillons du discours que doit prononcer au Parlement le Premier ministre ; après avoir lu le projet, celui-ci observe : « Maintenant j'imagine que vous m'avez préparé ce que je ne veux pas dire… ». Ritchie répond : « Monsieur le Premier ministre, je suis heureux d'avoir pu clarifier votre pensée ! ». Il trouva déplorable le discours du Premier ministre.

En avril 1954 il est nommé ambassadeur à Bonn et chef de la Mission militaire à Berlin. Dans l'Allemagne occupée, il lui semblait difficile de se défaire d'un sentiment de suspicion envers d'anciens ennemis, dont les camps de concentration et le régime nazi avaient tâché le nom de l'Allemagne. Mais peu à peu il voit les Allemands retrouver la confiance en eux-mêmes et le miracle économique se dessiner. L'Allemagne se montra même en avance sur la France et la Grande-Bretagne dans sa compréhension du rôle prochain de l'Europe, estime-t-il, et elle devint l'ami préféré des États-Unis. La fin de l'occupation entraîna un changement d'attitude dans la population : avec la disparition de la déférence pour les Puissances d'occupation, apparut un sentiment d'égalité voire de supériorité chez les Allemands, et l'ambassadeur constata qu'il devenait possible de se faire des amis.

De Cologne où la résidence est opportunément située, Ritchie découvre la région du Rhin, dans sa voiture de fonction conduite par un ancien soldat de la Wehrmacht ; ses pensées rejoignent souvent les Français, dont la différence ne saurait à ses yeux gommer les ressemblances avec les Allemands. Il se compose un visage public égal n'exprimant que de la bienveillance, contrôlant ses réactions d'exaspération ou de hautes pensées ; il se coule dans le moule diplomatique et « joue » l'ambassadeur – « Est-ce un jeu digne d'un adulte, je ne saurais le dire » avoue-t-il (p. 76). Il dîne chez l'ambassadeur Jean François-Poncet puis avec son successeur Maurice Couve de Murville. Il est reçu chez les Wittgenstein – leur mère, anglaise de naissance, est la comtesse de Metternich, tandis que leur grand-mère vient d'Halifax. Il essaye d'apprendre l'allemand et s'exerce aux dîners à la conversation avec ses voisines à qui, faute de mieux il récite « le petit chaperon rouge » en s'attirant un certain succès. Il se demande tout naturellement où sont passés les premiers Nazis – aucun des anciens officiers qu'il rencontre n'avoue avoir servi à l'Ouest, mais sur le front russe ou avec Rommel en Afrique... – ajoutant même qu'ils ont connu la menace communiste et ont défendu la civilisation contre un danger que nous étions trop aveugles pour reconnaître (p. 82). Avec les Canadiens, les Allemands se montrent patients, aimables, amicaux et sans arrogance.

Heureusement, Ritchie a d'excellents collaborateurs à l'ambassade – il estime qu'ils sont parmi les plus capables et les plus respectés aux Nations Unies : John Starnes « qui ferait, dit-il, un meilleur ambassadeur que moi », doué d'un esprit vif et précis, formant un charmant couple avec sa femme ; les autres membres de l'ambassade sont agréables et compétents. Bientôt la crise de Suez crée de l'effervescence et consterne les Nations Unies où le Canada, représenté par Lester B. Pearson, fait approuver le 4 novembre 1956, une résolution contre l'emploi de la force, tandis que l'URSS est occupée à mâter la révolution hongroise. Mais Ritchie se garde de raconter dans son Journal ce qui relève des affaires car il reste méfiant à l'égard des agents allemands de l'ambassade, et Bonn est infestée d'espions. Il a d'ailleurs prévu dans son testament que tous ses papiers seraient détruits à sa mort. S'il écrit un Journal, c'est suivant une « compulsion, comme de fumer », redit-il

(p. 127). Mais la vie officielle et le travail en ces lieux dorénavant sans surprises ne suffisent plus à combler le besoin d'activité de l'ambassadeur et, en janvier 1958, il est heureux de recevoir sa nomination comme Représentant permanent aux Nations Unies, à New York.

Au cœur des Nations Unies

Pendant la Guerre, le Canada était membre du Conseil de sécurité ; il avait participé à la formation de l'Organisation à San Francisco. Mike Pearson, le ministre des Affaires extérieures, avait incarné la politique du Canada comme un ferme soutien des Nations Unies ; Ritchie avait apprécié sa position vis-à-vis de l'Organisation, y compris pour le désarmement. Les Nations Unies représentaient à ses yeux un centre unique pour la négociation internationale, qui permet la rencontre de groupes et d'intérêts différents et constitue un cadre pour la résolution des conflits et la prévention des explosions. Il était moins impressionné par l'idéologie globale du « *One world* » selon Truman, proclamée en 1947, et il se faisait peu d'illusions sur un monde pacifique ou désarmé. Il aimait conjuguer la diplomatie publique et privée, les sessions de l'Assemblée générale et le Conseil de Sécurité avec le travail en coulisse précédant les déclarations – tout cela était passionnant pour ceux qui, comme lui, préféraient la négociation à la représentation.

Le 20 janvier 1958, il présente ses lettres de créance au Secrétaire général Dag Hammarskjöld[18]. Ritchie se demande : modestie, subtilité, vanité, qui est-il ? Le secrétaire général évoque ses travaux avec Mike Pearson au moment de la crise de Suez. Il semble considérer le Canada comme membre d'un premier cercle intérieur – les « Scandi-canadiens », comme il dit – qui, avec l'Irlande, sont particulièrement dévoués à l'Organisation et partagent ses objectifs et son point de vue. En février 1960, Ritchie lui fera part de l'invitation du Comité des dix puissances à exposer le rôle de l'ONU en matière de désarmement – cela restera sans lendemain, dans le climat de guerre froide. Mais l'ambassadeur apprécie le Secrétaire général pour ses qualités personnelles.

Apologie du diplomate : action et pensée

Il retrouve à New York de vieilles connaissances de la presse dont, loin de les négliger, il écoute la sagesse, mais il évite par précaution, d'écrire dans son Journal, au sujet de ses collègues diplomates. S'il lui

---

[18] Dag Hammarskjöld (1905-1961), Secrétaire général de l'ONU de 1953 à 1961. Il limita les crises de Suez, du Liban et du Laos. Il disparut dans un accident d'avion en Zambie, le 18 septembre 1961. Prix Nobel de la Paix en 1961, à titre posthume. Cf. Hammarskjöld, *Jalons*, Paris, 1963.

arrive d'évaluer, parfois très librement, son activité, il est très attaché à sa profession et, confirme-t-il, il ne l'échangerait en aucun cas pour une autre (p. 135). Certes, comme corps, les diplomates n'ont jamais été très aimés. Ils sont accusés de maints travers : cachottiers et tortueux, de manières compassées voire de conscience élastique. En réalité, dit-il, ils ont une intelligence pratique, sont assez tolérants et souvent plus prévoyants que leurs maîtres politiques. Bien sûr, il y a parmi eux des caricatures, mesquins et prétentieux, mais c'est vrai dans toute profession. Naturellement, ajoute-t-il, l'efficacité d'un diplomate est déterminée en dernier ressort par la confiance qu'il inspire à son propre gouvernement – alors qu'à l'inverse, on suppose parfois qu'il existe une défiance innée entre le fonctionnaire et le politique. Or, ayant servi sous cinq Premiers ministres, Ritchie dénonce cette erreur – le pire serait la combinaison d'un diplomate peu sûr et d'un politique sans imagination. On peut certes oublier, comme un fonctionnaire permanent, que les politiques au pouvoir provisoire, parfois arrogants, courent toujours le risque de tomber dans l'oubli. Sa sympathie, confie-t-il, le porte du côté de ceux qui prennent des risques (p. 136).

Il a la joie de revoir Jules Léger – sous-secrétaire d'État – dont il apprécie la sagesse et la bienveillance – il l'attend à l'aéroport en lisant Descartes. Un autre jour il déjeune avec le représentant soviétique qui lui assène un discours selon lequel les guerres de religion ont toujours été basées entièrement sur des motifs économiques. Il apprécie le représentant suédois Engen, son charme discret, son intelligence subtile et son point de vue « progressiste ».

En mai 1958, Ritchie préside le Conseil de Sécurité qui est presque comme une Cour de justice, avec des plaidoiries, mais c'est beaucoup moins fatiguant qu'un dîner diplomatique, ironise-t-il (p. 143). Il appuie le projet américain de l'arctique canadien « à cieux ouverts » – zone d'inspection aérienne dans l'Arctique – sans en être co-signataire car le Canada n'est pas lié à cette zone en particulier[19]. Il est frappé par la raideur des Soviétiques dans cette affaire : leur absence de compromis, le « *nyet* » de Gromyko – le retour à la guerre froide. Le Canada n'est pas seulement considéré comme respectable aux Nations Unies mais il est vraiment respecté, constate-t-il, pour le rôle qu'il tient dans les conflits mondiaux comme médiateur objectif, apportant de l'aide, calmant les passions irrationnelles et contribuant à moraliser la politique (p. 167). Toutefois Ritchie passe par des moments difficiles, lorsqu'il s'agit de trouver les voies nécessaires pour des propositions de résolu-

---

[19] Cf. chapitre IV et voir Legault, M. Fortmann, *Une diplomatie de l'espoir. Le Canada et le désarmement 1945-1988*, PUL, Québec, 1989, p. 149.

tion auprès de membres dont ce n'est pas la priorité. Or il y a toujours une crise quelque part. La situation au Congo où Lumumba vient de déclarer qu'il n'a plus confiance dans le secrétaire général – peu après c'est le drame : Dag Hammarskjöld[20] trouve la mort au Congo en 1961. La communauté mondiale devait être incarnée par les Nations Unies et il fut leur prophète et leur martyr – « le symbole des Nations Unies » (p. 190). Il voulait accélérer leur transformation d'un lieu de rencontre des nations en un instrument efficace de la politique internationale pour en faire une force de cohésion. Au total, l'ambassadeur du Canada fut heureux à New York au cœur des affaires du monde, débattues aux Nations Unies ; il considérera plus tard que ces années furent les plus stimulantes, même si elles furent parfois les plus frustrantes, de sa carrière diplomatique.

Ritchie entretient ses lectures : Tchekhov, Allan Poe, Pope, Descartes qui lui donne à penser au sujet de sa preuve de l'existence de Dieu par l'idée de parfait : que l'homme a le sens de son imperfection et que celle-ci ne lui viendrait pas sans l'existence d'un être parfait. Il se souvient d'un tableau de ruines par Piranèse, dont la taille des personnages donne l'échelle. L'homme s'enfle jusqu'à devenir un être monstrueux mais sans Dieu il n'y a aucune échelle de mesure. Pourtant, beaucoup de braves gens vivent sans Dieu et beaucoup de monstres croient en lui, constate-t-il (p. 184).

Le 15 janvier 1962, il apprend qu'il va être nommé ambassadeur aux États-Unis. Certes, il pourrait refuser mais qui tournerait le dos à un poste si important ? (p 184). Il hésita, du fait de son ignorance de l'ensemble des affaires en cours, notamment économiques et commerciales, entre le Canada et les États-Unis. Puis les relations entre Washington et Ottawa n'étant pas les meilleures, menaçaient d'empirer, comme le lui confirmèrent le Premier Ministre et son prédécesseur à Washington, Arnold Heeney, qui avait recommandé sa nomination. Tout tenait surtout à l'aversion mutuelle entre le Premier ministre Diefenbaker, qui tenait le président Kennedy pour un jeune homme arrogant et un ennemi politique, tandis que Kennedy le considérait comme un vieillard pernicieux (*sic*) à qui on ne pouvait pas faire confiance. Heureusement, Ritchie était apprécié de son ministre, Howard Green. Puis le Canada ne cherchait plus à faire le pont entre la Grande-Bretagne et les États-Unis. L'ambassadeur observe : quand nous différons des Américains sur des points importants, ils semblent surpris et irrités, comme dans une querelle de famille, la pire. Or les États-Unis sont devenus la première

---

[20] Cf. note 18.

puissance du monde non communiste, l'écart avec le Canada s'est élargi depuis la Guerre, et ils ont un sentiment accru de supériorité.

Depuis les États-Unis : un regard extérieur

Le quatrième et dernier volume du Journal de Charles Ritchie : *Storm Signals. More Undiplomatic Diaries* (1983), porte sur les années 1962 à 1971, où il servit comme ambassadeur à Washington puis comme haut-commissaire à Londres. Reçu brièvement par le Premier ministre, M. Diefenbaker, il avait retrouvé avec plaisir Howard Green, le secrétaire d'État aux affaires extérieures qui, sur les encouragements de Arnold Heeney, son prédécesseur à Washington, l'y avait fait nommer. Il connaissait la ville, depuis son premier poste à la légation canadienne, où son épouse et lui-même retrouvèrent des amis.

Dès le début, il ressent les critiques ouvertes contre la politique du Canada, provenant même du secrétaire d'État Dean Rusk. Plus tard, en août, il aura l'occasion de revenir avec lui d'Ottawa, à bord de son avion. La conversation libre et sans apprêts sur les affaires bilatérales permit une connivence de collègues, malgré l'écart d'appartenances. Ritchie veilla à ne pas donner au secrétaire d'État l'impression qu'il ne partageait pas la position du gouvernement qu'il représentait : « c'est parfois une voie étroite à suivre », commente-t-il (p. 19). Dans cette période délicate marquée par l'écart entre les points de vue des deux pays, ce diplomate chevronné sut établir des relations cordiales avec ses interlocuteurs qui ne le tenaient pas pour responsable de la ligne politique alors suivie par son gouvernement.

Il est heureux d'aller retrouver New York, élégante et bariolée, sous prétexte d'écouter une conférence du prince Philip d'Édimbourg. Arrivé le 28 avril, il devra patienter un mois pour être admis à présenter ses lettres de créance au cours d'une réception plutôt froide, comme il s'y attendait, le Président Kennedy marquant une « distance » (p. 6). Ritchie observe la pâleur cireuse de son teint ; l'homme et le mythe coïncidaient de façon étrange, quoiqu'il semblât une image de télévision plutôt qu'un être vivant.

Fin mai, à la Cathédrale anglicane, croisant un clergyman, il lui demande quelle est la qualité essentielle pour sa fonction : l'homme d'église gagne son cœur en lui disant : « la compassion » – Ritchie ajoute que c'était son avis personnel mais que d'autres répondraient sans doute : « le leadership ». Il sympathise avec l'ambassadeur de l'URSS aux Nations Unies, Dobrynin, qu'il estime l'un des plus adroits agents qu'il a connus dans sa carrière. Ils se retrouveront à plusieurs reprises à déjeuner. Il rencontre Harold Macmillan, de passage – son Premier ministre préféré – qu'il juge optimiste vis-à-vis de la Russie et pragmatique vis-à-vis du Marché commun. Ritchie est agacé par l'inégalité d'attitude des américains envers le Commonwealth qu'ils réprouvent et du Marché Commun qu'ils acceptent. Il se demande s'ils réalisent que leurs différences de vues avec celles des Canadiens dans les questions internationales rendent le Canada plus utile que s'il n'était qu'un simple satellite des États-Unis, que ce soit pour les questions nucléaires où l'opposition aux essais n'est pas seulement une attitude morale mais aussi hygiénique – les deux vont souvent de pair au Canada, écrira-t-il en septembre 1962 (p. 22) – pour les divergences sur l'OTAN, pour sauver la Commission pour l'Indochine par des propos plus modérés, ou encore vis-à-vis de la crise de Cuba. De façon générale, la politique du Canada envers des pays communistes tend à s'opposer aux politiques d'étranglement économique et surtout aux interventions armées – certes, il y va de nos intérêts, dit Ritchie, mais son fondement tient à une différence philosophique et à la question de savoir comment traiter avec des pays communistes. De même, la politique canadienne de désarmement peut ne pas être rationnelle mais elle est bien enracinée dans le pays – il est vrai que le Canada est protégé par la bombe américaine, rappelle-t-il (*id.*).

Visitant le Texas où il délivre des discours convenus et dont il décrit le caractère insulaire et suffisant, il réfléchit à l'expérience étrange de voir son propre pays depuis l'extérieur : on devient plus conscient de l'impression qu'il donne aux autres... et on fait attention à la manie répandue de l'autosatisfaction qui les embarrasse (p. 30).

Lorsque le gouvernement conservateur de Diefenbaker perd les élections, Ritchie se réjouit de son remplacement par celui de Mike Pearson dont il espère l'amélioration des relations canado-américaines. Après presque cinq ans passés aux États-Unis, l'ambassadeur est devenu capable de voir les Américains avec leurs propres yeux, de les comprendre de leur point de vue – et il constate qu'ils sont présents dans toutes les affaires. Le 1er juillet 1963, jour de la Fête nationale, le conduit à s'interroger sur la capacité du Canada à survivre comme État indépendant et sur le risque de tomber dans la mouvance des États-Unis – notamment pour sa défense et pour la maîtrise de son économie. Diefenbaker avait tenté en ce sens, mais sans succès, d'être un de Gaulle miniature vis-à-vis des États-Unis. En ce jour de commémoration, l'hymne du « *O'Canada* » l'émeut, chanté *a capella* sur la terrasse de la Résidence.

L'écho des collaborateurs

Un nouveau collaborateur vient d'être nommé à l'ambassade. Ritchie qui avait l'habitude de repérer les travers et les prétentions des chefs auprès de qui il servait, ne doute pas qu'il en soit de même maintenant à son égard. Il lui serait indifférent d'être considéré par ses juniors comme quelqu'un d'absurde mais non pas comme prétentieux. Il attend d'eux, essentiellement, de l'intelligence et beaucoup de travail. La stupidité incurable l'embarrasse, surtout si elle est jointe à un sens assidu du devoir – il est difficile de rendre compte de tels cas pour des promotions lorsqu'on ne peut faire état de fautes caractérisées mais qu'on ne saurait proposer en conscience un avancement. Puis il déteste la verbosité, orale ou écrite, le flou dans les idées qui ne parvient pas à préciser la question exposée. Ce n'est pas tant de la stupidité que de la superficialité, souvent aggravée par la suffisance, illustrant le mot de la princesse Anne-Marie Callimachi[21] : « Il pense trop pour la taille de son cerveau » (p. 66). En fait, ce qui est utile dans ces fonctions, c'est la formation pour l'action, qui est distincte du savoir acquis à l'université. Il se souvient que lors de ses premières armes à Washington, Hume Wrong, alors conseiller, raturait en rouge les projets de dépêches qu'il lui soumettait, pourchassant les solécismes et les inutilités ; lorsqu'il accompagnait son chef au Département d'État, le jeune secrétaire appréciait la maîtrise avec laquelle le conseiller présentait des arguments et des faits parfaitement ordonnés avant de retourner à l'ambassade dicter son compte-rendu de réunion suivi d'un bref commentaire et de recommandations – un modèle de clarté et de précision.

Lorsqu'en septembre, le nouveau ministre des Affaires extérieures Paul Martin vient faire une visite à Washington, Ritchie apprécie sa compétence pour les affaires internationales et l'agrément de la relation avec cet héritier de la tradition libérale « progressiste », à la fois prudent et réaliste.

Le 28 novembre 1963, éclate la nouvelle de l'assassinat de J.-F. Kennedy. L'ambassadeur l'apprend à Boston, en état de choc, où il est allé donner une conférence. Une ère est interrompue. Bientôt on basculera dans l'antithèse avec Lyndon Baines Johnson ; on tombera des hauteurs dans la plaine. La figure du Président des États-Unis incarne le pouvoir le plus important de toute l'Histoire, résume le diplomate canadien : protecteur nucléaire, leader de l'Ouest, dispensateur d'aide, lanceur de satellites, arbitre des différences, déclencheur des orages. (p. 78). Les contacts entre Mike Pearson et L.B. Johnson avaient inaugu-

---

[21] La princesse roumaine Anne-Marie Vacaresco Callimachi, traductrice des œuvres de Colette, et auteur de *Yesterday was mine*, London, 1952.

ré un rapprochement, après des années de refroidissement, lorsqu'un discours du Premier ministre en voyage à Philadelphie, le 2 avril 1965, en faveur d'une pause dans les bombardements au Vietnam, l'interrompit soudainement : le Président considéra que venant de la part de quelqu'un qu'il croyait de ses amis mais qui prétendait dicter la politique des États-Unis sur leur propre territoire (p. 80), c'était une atteinte à leur souveraineté. Il reçut M. Pearson à Camp David où il l'avait invité avant d'avoir pris connaissance de son discours qui ne lui avait pas été communiqué à l'avance, contrairement aux conseils de Ritchie. La rencontre fut glaciale.

Londres familier

En 1966 Ritchie quitte Washington pour Paris, où il est nommé ambassadeur et représentant permanent du Canada à l'OTAN, succédant à son ami George Ignatieff. Il était déjà familier de Paris qu'il retrouvait avec bonheur. De Gaulle avait décidé de retirer les forces militaires françaises de l'OTAN tout en maintenant la France comme membre de l'Alliance, et le Canada comprenait la position française. Hervé Alphand, secrétaire général du Quai d'Orsay, que Ritchie connaissait depuis son séjour à Washington, semblait regarder avec un certain amusement les efforts du Canada pour apaiser le général de Gaulle. Mais on décida de transférer le Conseil de l'OTAN de Paris à Bruxelles, ce que Ritchie n'apprécia guère.

Bientôt il apprenait que le poste de haut-commissaire du Canada à Londres se libérait et que Mike Pearson le proposait pour cette prestigieuse affectation. Ce serait la dernière, et le couronnement de sa carrière. Dans ces années 1970 Ritchie était bien connu dans les cercles diplomatiques et littéraires londoniens, et tout naturellement appelé au Haut Commissariat à Londres. C'était alors le poste le plus important à l'étranger et doté d'une splendide résidence. Douglas LePan[22] lui adressa ses félicitations et lui suggéra pour devise celle d'un Pape de la Renaissance : « Dieu nous a donné la papauté, maintenant profitons-en ! ».

Il retrouvait avec enchantement une atmosphère et des échos de son enfance en Nouvelle Écosse où il avait rêvé du Londres de Dickens dans les histoires que lui racontait sa mère, et il avait étudié en Angleterre ; plus tard, il y avait vécu la Guerre et partagé un sens de la communauté. Enfin les souvenirs de ses débuts comme secrétaire auprès de Vincent Massey, lui revenaient dans la résidence qui avait été rénovée après les bombardements et était décorée par des tableaux d'artistes canadiens et

---

[22] Cf. chapitre VII.

britanniques. Depuis cette époque, le Canada avait gagné sa majorité par rapport à l'empire britannique et aux États-Unis. La Grande-Bretagne tenait toujours une place particulière dans l'attachement des Canadiens qui faisaient allégeance à la même Reine (p. 89) mais, souligne Ritchie, nous ne sommes plus membres de la même famille. Réciproquement, si le Canada reste estimé par les Britanniques, ils ne se sentent pas concernés par son avenir – si nos préoccupations sont tournées vers les États-Unis, les leurs regardent l'Europe, constate-t-il. Pour les affaires quotidiennes, l'essentiel ne se trouvait plus à Londres, mais la politique française, avec son impact sur l'avenir de Québec, mobilisait alors l'attention du gouvernement canadien.

Ultimes rencontres : la Reine ; Pierre-Elliott Trudeau

L'arrivée de Pierre Trudeau comme Premier ministre, en avril 1968, marqua un style différent mais n'affecta pas les relations avec la Grande-Bretagne. En avril, à la sortie de l'Office de Badminton Church, la Reine dit quelques mots au haut-commissaire qui avait eu l'occasion de lui confier, quelques jours auparavant, que Trudeau devait remporter les élections. Charles Ritchie est sensible à la délicatesse que lui a témoignée la Souveraine depuis qu'il est en poste, lui parlant avec simplicité et bonté : « La Reine n'a pas d'admirateur plus dévoué que moi. Ce n'est pas seulement par loyauté au trône – j'ai toujours été royaliste – mais par fascination pour la personnalité de la femme qui l'occupe », confie-t-il (p. 103).

Quand il est reçu par Trudeau à Ottawa, fin août 1968, il est étonné de découvrir un homme à l'allure juvénile, en sandales et en chemise à col ouvert, aux manières simples, aux vifs yeux bleus ironiques et amusés, subitement glacés, intelligent, organisateur, pragmatique, d'esprit thomiste, dit-on. Le Premier ministre le surprend en lui demandant d'emblée s'il estime que le ministère des Affaires extérieures est vraiment nécessaire, et pourquoi. Il imaginait que le Département demeurait éloigné des réels intérêts du Canada, soutenant des projets internationaux sans correspondance avec les besoins du pays, depuis l'ère Pearson. Pourquoi cette animosité envers le ministère des Affaires extérieures ? Quel est donc le rôle du diplomate ? Le Premier ministre voulait sans doute une réponse cybernétique, informatique, qui pourrait être dessinée sur un graphique par une cellule de prévision, car il a une faiblesse pour ce langage et ces concepts, suppose le diplomate, et non une réponse impliquant une mystique, un secret hérité de ses prédécesseurs. Cependant Ritchie estime que Trudeau est l'un des rares politiciens à être frappé par la déshumanisation de notre vie et préoccupé par la question de l'environnement, si importante pour notre époque. Il est vrai également qu'une partie du travail au Département ne concerne pas directement les intérêts canadiens concrets, que des télégrammes restent sans suite, mais cet écart est en partie lié au type de son action ; d'ailleurs, de nombreuses missions éloignées de l'essentiel sont effectuées à la demande des politiciens eux-mêmes. Ritchie trouve à Ottawa une atmosphère très hostile à l'OTAN, sous l'influence des idées de neutralité fondées sur le modèle suédois, mais Marcel Cadieux[23], sous-secrétaire d'État aux Affaires extérieures, ne partage pas cette attitude et ne manque pas de la rectifier auprès du ministre.

Le haut-commissaire évoque, en octobre 1970, les événements dramatiques récents au Canada, où le Front de Libération de Québec a kidnappé un haut fonctionnaire britannique à Montréal avant d'assassiner Pierre Laporte, vice-Premier ministre du Québec ; « ils blessent la partie vulnérable de notre société », déplore-t-il avec inquiétude (p. 145).

À travers ses responsabilités successives il conserve toujours la lecture au premier rang de ses activités préférées tandis qu'il déteste voyager en avion, préparer un discours ou s'appesantir sur sa propre fonction. Il médite l'expression de Shelley sur la poésie : « *The veil of familiarity* », puis évoque Byron et l'étendue de son influence après sa mort. Il lit *Pendennis* de Thackeray[24], sorte de version anglaise de *L'éducation sentimentale* de Flaubert. Il retient une idée de Kenneth Clark dans *Civilisation*[25], au sujet de l'utilisation des couleurs par W. Turner : « La couleur a dû être considérée comme immorale parce que c'est une sensation immédiate qui donne des effets indépendamment des souvenirs ordonnés qui sont les bases de la moralité » (p. 123, 141). Douglas LePan est venu le voir et lui a confié qu'il a recommencé à écrire de la poésie après vingt ans de silence : « Nous sommes amis », note Ritchie (p. 148).

Fin mars 1971, il voit arriver la date fatidique de la retraite : « Je ne peux pas plus imaginer la vie après la retraite que la vie après la mort », avoue-t-il. Le 19 mai, une lettre du Département lui annonce dans les termes appropriés : « J'ai le regret de devoir vous confirmer que vous devrez prévoir votre retraite à la date normale, soit le 23 septembre 1971 ». C'est la fin de trente sept ans au Service extérieur, note-t-il sans commentaires (p. 148) ; le 16 juin il écrira : « C'est la fin de la saison –

---

[23] Cf. chapitre IV.
[24] William Makepeace Thackeray (1811-1863) romancier britannique, auteur d'œuvres satiriques, notamment *Vanity Fair* (1848) et *Pendennis* (1850) aux traits autobiographiques, description vivante de la société britannique.
[25] Kenneth Clark (1903-1983) historien et critique d'art britannique, auteur de *Civilisation* (1969) qui eut un grand succès et fut adapté pour la télévision.

et quelle saison ! » Il vient de déjeuner avec la Reine Mère, si charmante. Il commente : « Cette vie de semi amitié avec des Premiers ministres et des membres de la Famille Royale va finir dans six semaines et j'aurai disparu de la scène comme si j'étais mort ; seulement si j'étais mort, il y aurait une cérémonie pour moi et ils viendraient tous ! » (p. 151). Il avait été fait Compagnon du Canada en avril 1969.

Le 25 octobre, où il retrouve à Ottawa des impressions familières, quelqu'un lui demande au cours d'un cocktail : « À quoi attribuez-vous votre succès comme diplomate ? » – cela le fait réfléchir encore à la nature de la profession de la diplomatie, dans le Service canadien auquel il dit adieu. Il en donnera son sentiment au cours de conférences dont il expose le contenu dans le dernier chapitre de l'ouvrage[26].

La diplomatie et son évolution

Rappelant que le rôle des premiers diplomates était d'établir des liens entre groupes humains, l'ambassadeur trouve dans l'accueil réservé au porteur du message, l'illustration du principe du Canadien Mc Luhan selon lequel le médium est le message – aujourd'hui on ne décapite plus le porteur de mauvaises nouvelles mais on le déclare *persona non grata*, prélude à la guerre après laquelle on renouera des relations.

Bien entendu, admet-il, le rôle du diplomate a changé ; la diplomatie est conduite dans de nouvelles sphères et avec de nouvelles méthodes. Il serait d'ailleurs étonnant que la Carrière reste une sorte de fossile du passé lorsque toutes les institutions sociales et politiques évoluent si vite ; si c'était le cas, quels jeunes gens doués et ambitieux souhaiteraient embrasser une telle profession ? De plus, la position du diplomate est vulnérable face aux défis actuels ; c'est un généraliste entouré par des experts. Mais à l'époque où des coefficients quantifiables sont les instruments d'appréciation d'une performance professionnelle, comment mesurer des qualités telles que l'adresse dans la négociation, le sang-froid dans les crises et l'expérience des affaires internationales ? Comment opère le diplomate à une époque technologique ? Les négociations couvrent tellement de domaines insoupçonnés autrefois qu'on peut difficilement imaginer aujourd'hui un ensemble d'activités qui y échapperait et ne viendrait pas à l'ordre du jour d'une réunion internationale. Puis à côté de cette multiplication de nouveaux champs de négociations, la diplomatie multilatérale s'est développée ; les Nations Unies en sont l'exemple le plus évident mais il existe dorénavant de multiples organisations internationales. La diplomatie multilatérale, avec les intrigues de

---

[26] Une partie a été publiée dans la revue *Spectrum* (vol. 3, n° 2, 1983) de la *Canadian Imperial Bank of Commerce*, sous le titre *As others see us. Canada's Image Abroad*.

couloir qui l'entourent, ses relations avec les secrétariats internationaux, la variété de ses objets, est un phénomène nouveau nécessitant une habileté politique et une compétence spécialisée. Alors que la diplomatie traditionnelle essuie des critiques, c'est l'une des activités qui se développent au XXe siècle dans toutes les institutions et tous les secteurs – le nombre de diplomates s'est considérablement multiplié. De nouvelles nations sont nées et ont nommé des diplomates partout dans le monde, tandis que les nations anciennes les ont reconnues et leur ont envoyé les leurs.

Tous les interlocuteurs qui ont eu à traiter avec des diplomates canadiens leur reconnaissent un mélange de bonne volonté et de sens pratique, de cordialité et de proximité, constate Ritchie. Ils respectent leur esprit de conciliation et leur discernement réaliste des limites du possible, mêlés à une droiture personnelle – qualités qui sont autant marquées chez les Canadiens-anglais que chez leurs collègues franco-canadiens. C'est pourquoi vus de l'étranger, tous les Canadiens, quelque soient leurs différences d'origine, se ressemblent entre eux par des traits communs davantage qu'avec toute autre race ou nation, dit-il, y compris celles dont ils proviennent : un ton moralisateur, un accent d'idéalisme dilué dans le réalisme d'une grande nation commerçante, la préoccupation des intérêts de leur peuple pour sa survie matérielle. Ainsi toute politique qui s'éloignerait trop de nos intérêts nationaux pour des aspirations à un idéal international n'aurait pas de racines nationales, estime-t-il (p. 156). Ceci s'est inscrit dans l'histoire et la structure du Département. Depuis l'époque où il est entré au Service, en 1934, le ministère s'est considérablement agrandi et complexifié. Au début, il cherchait à se différencier des Services étrangers traditionnels, à éviter les travers diplomatiques et même à se montrer de façon presque ostentatoire, dépourvu d'ostentation.

Mais la profession est une corporation internationale qui, quels que soient les styles et les origines nationaux ou individuels de ses membres, les estampille tous de sa marque. C'est ainsi – tout diplomate vit une existence amphibie, chez lui et au-dehors. À l'extérieur il jouit de privilèges, d'immunités et d'un statut spécial ; dans son pays, c'est un fonctionnaire parmi des dizaines de milliers d'autres et, plus vite on le transfère, mieux cela vaut. Pour celui qui s'intéresse surtout à la politique et à la mécanique du pouvoir, le service au ministère est plus important qu'un poste en ambassade et s'il veut exercer une influence sur les affaires, il doit affirmer sa position au Département. En revanche, plus il reste à l'étranger, loin de ce qui se prépare à Ottawa, plus son influence tend à décroître. Ainsi il doit d'abord construire une base durable de confiance et d'amitiés au ministère, afin de pouvoir compter sur un soutien continu. S'il l'oublie, c'est à ses propres risques (p. 157). En effet, le pouvoir est au centre, où sont prises toutes les décisions qui affectent notre politique à l'extérieur. Mais contrairement à ce que tendent à croire ceux qui ne se fondent que sur des études hyper rationnelles présentées avec des graphiques et dans un langage spécialisé, elles sont prises dans un climat largement commandé par les influences et les impératifs des politiques, constate Ritchie, souvent en réaction à des développements imprévus dans le champ international – une révolution soudaine, un changement dans la balance des intérêts à l'étranger, à l'intérieur les pressions exercées par les autres ministères selon leur poids et leurs responsabilités respectifs, parfois des urgences en vue d'élections à gagner ou de réponses à donner à des questions à la Chambre, qui commandent des priorités. Enfin le facteur temporel est essentiel, à l'époque des communications instantanées, et il s'accélère à certains moments. Quand les diplomates servent à l'étranger, ils vivent dans un monde différent, jouissant d'une immunité officielle, hors de la législation du pays où ils sont en poste, ce qui est loin d'être un anachronisme artificiel. Car sans elle, les diplomates qui se trouvent dans des pays hostiles pourraient devenir les victimes de fausses accusations. Mais l'immunité est souvent mal comprise et elle cause de l'irritation aux nationaux d'un pays qui ne bénéficient pas des mêmes latitudes.

De plus, aucun aspect de la vie diplomatique n'apparaît, vu du dehors, plus artificiel que celui du protocole. On le comprend mieux comme un effet de l'extrême sensibilité des États-Nations dont les diplomates sont les agents dans leurs relations mutuelles où ils se comportent souvent comme de capricieuses *prima donna* craignant de perdre la face ou d'être dépassées – les nuances d'une rebuffade ou la cordialité particulière d'un geste traduisent la température de leurs relations, par exemple l'ambassadeur : à quel niveau de représentation est accueilli un ministre des Affaires étrangères à son arrivée à l'aéroport d'un pays étranger ? Quel est le degré de chaleur ou de froideur exprimée dans un toast à la fin d'un dîner ? Ces questions apparemment triviales forment une sorte de code, soigneusement pesé et noté, dans la communauté diplomatique. Cela peut constituer les premiers signes indiquant des degrés d'amitié ou d'hostilité dans des relations entre des États.

Enfin par toute sa nature, la carrière diplomatique exige une adaptation non seulement aux changements de lieu mais aussi aux alternances de politique et de maîtres politiques. Cela peut entraîner une conformité dans le processus des convictions personnelles des individus, observe Ritchie (p. 161). On suggère parfois que les diplomates ont une conscience particulièrement flexible et s'accommodent des changements de régimes et d'orientation de la politique, qu'ils servent non seulement leur pays mais tout gouvernement au pouvoir, qu'il ait raison ou tort. Or un diplomate est un fonctionnaire à qui il arrive de servir une partie de sa vie à l'étranger, sous les ordres de gouvernements successifs et très divers. Certes, il y a du vrai dans la boutade selon laquelle « il y a de vieux diplomates et des diplomates audacieux, mais il n'y a pas de vieux diplomates audacieux ! », ironise Ritchie, ce n'est pas une profession pour des gens aux opinions politiques enflammées, mais pourtant tous les diplomates ne sont pas pour autant une race d'opportunistes sans caractère et sans conceptions personnelles. D'ailleurs les débats sur la politique n'ont pas manqué dans les rangs des Affaires étrangères. Or, ces mêmes représentants officiels savaient justifier à l'étranger la politique qu'ils avaient tenté de changer à l'intérieur – pour certains, c'était un devoir pénible mais ils n'avaient aucun doute sur le fait que c'était leur devoir et sa grandeur. Si c'est cela que l'on signifie par « conformiste », alors un bon diplomate est un bon conformiste. Quand une politique a été décidée, et qu'on l'explique et la défend à l'étranger, il n'y a plus de place pour des différences personnelles d'appréciation. C'est le rôle du diplomate d'accompagner aussi précisément et aussi fortement que possible la politique de son gouvernement. S'il expose au contraire ses propres vues à un gouvernement étranger ou à la presse, il les trompe car son interlocuteur s'imagine qu'il rapporte l'opinion de son gouvernement et qu'il a l'autorité pour l'exposer. En réalité, les opinions personnelles d'un ambassadeur n'ont pas plus d'importance pour un gouvernement étranger, dit Ritchie, que celles d'un chauffeur de taxi. Naturellement, poursuit-il, si un diplomate estime que la politique de son gouvernement est mauvaise ou dangereuse pour les intérêts de son pays, il peut toujours démissionner – mais parfois les diplomates se consolent en pensant que, s'ils quittaient le service, quelqu'un de dangereux pourrait bien les remplacer (*id.*) !

Les relations de sympathie ou d'aversion entre les leaders des nations constituent l'un des facteurs des affaires internationales les moins faciles à cerner, qui échappent aux calculs informatiques et se moquent des planificateurs mais dont on ne saurait négliger les effets – Ritchie en trouve l'illustration avec l'antipathie entre le Président Kennedy et le Premier ministre Diefenbaker, et dans l'amitié entre le Premier ministre M. Saint-Laurent et Nehru – ajoutant que ce n'est pas toujours l'antagonisme dans l'arène internationale qui fait naître la défiance personnelle. Il avait été frappé par les entretiens entre Premiers ministres – les seules personnes à qui ils peuvent s'adresser sur un plan d'égalité étant d'autres Premiers ministres – et la manière dont ils prennent la mesure l'un de l'autre. Il y a toujours une courte période de libre conversation entre « les grands hommes », habituellement amenée par quelques plaisanteries anodines. Rien de significatif n'est dit à ce moment-là mais s'ils se rencontrent pour la première fois, ils semblent sentir non seulement sur le terrain politique mais par sympathie ou aversion, si leurs relations porteront des fruits dans l'avenir. Ritchie observe aussi que la position du Premier ministre ou du ministre, dans les affaires internationales, est souvent centrée sur son effet électoral à l'intérieur, et sans considération suffisante pour ses conséquences à long terme à l'étranger. Ce qui importe vraiment dans la conduite quotidienne de la politique étrangère est que le ministre des Affaires extérieures ait une position forte dans le Cabinet et soit capable de faire prévaloir ses vues. Un ministre peut être quelqu'un de charmant, très apprécié par les hauts fonctionnaires, mais c'est de peu d'effet si sa politique est régulièrement détruite par ses collègues du gouvernement ou modifiée par le Premier ministre – au pire, on peut avoir un ministre à la fois désagréable et inefficace, note l'ambassadeur.

S'agissant de la presse, il est notoirement difficile, déplore-t-il, de pouvoir lire des informations canadiennes dans les colonnes des journaux étrangers – il est plus facile pour le chameau de passer par le trou d'une aiguille que d'obtenir une analyse politique bien informée ou un éditorial reconnu dans les colonnes de la presse de Londres, de Paris ou de New York sur les affaires canadiennes. Peut-être est-ce simplement parce que nos informations ne sont pas sensationnelles, dit Ritchie, car si nous étions impliqués dans des révolutions, des scandales ou des crimes spectaculaires, nous retiendrions davantage l'attention. Heureusement, les acteurs, chanteurs et artistes contribuent énormément à la visibilité du Canada.

Enfin il faut garder l'esprit lucide : les politiciens sont toujours prêts à nous dire quel grand peuple nous sommes et quel magnifique avenir nous attend si nous votons bien ou, à l'inverse, à nous reprocher de ne pas suivre leurs partis. Mais, estime Ritchie, les Canadiens ont assez de sens commun pour ne pas gober tous ces compliments et ces menaces. Il reprend ici sa réflexion sur des traits généraux : les gouvernements canadiens ont toujours eu tendance à distribuer de bons conseils aux autres nations, les incitant à agir suivant leurs hauts standards moraux et à cesser leurs actes perturbateurs. Mais si nous insistons, par différence, sur la pureté de nos intentions dit-il, nous devrions davantage veiller aux susceptibilités des autres peuples parce que nous sommes nous-mêmes sensibles à leurs critiques. Nous nous montrons à notre avantage dans notre association avec les nations développées, mais nous provenons nous-mêmes d'une époque coloniale et nous connaissons les angoisses d'une nationalité qui émerge. En général, nous réussissons là où nous tenons un rôle pratique, humanitaire ou de maintien de la paix, et cela nous a amené beaucoup d'amis dans le monde. Nous sommes offensés par la condescendance ; nous condamnons chez les autres ce qui nous semble du snobisme, culturel ou racial, tandis que nous n'avons pas de structure de classes au sens européen ou même américain du terme, même si nous avons beaucoup de divisions sociales et culturelles et une collection de snobs (*id.*, p. 165).

Charles Ritchie, ambassadeur aux États-Unis, avait précisé ces réflexions dans une conférence « *The Canadian Foreign Service as a Career* » donnée le 29 octobre 1964 à l'« *Empire Club of Canada* »[27]. Ritchie était fondé à témoigner combien le métier avait évolué depuis ses débuts. Au Département l'esprit était intellectuellement stimulant mais austère – on n'avait pas la prétention de se présenter comme diplomate, on était fonctionnaire. Les seniors les plus influents de leur génération, entre autres Norman Robertson, Mike Pearson, Hume Wrong avaient rendu le Service attrayant pour les jeunes gens et jeunes femmes de talent et de caractère – Ritchie le qualifie de « beau Service » dont les Canadiens peuvent être fiers. Ce n'est pas une tour d'ivoire ésotérique mais il traite chaque jour des questions concrètes qui concernent les citoyens, dans les domaines de l'économie, du commerce, de l'exportation, et il veille aux intérêts du Canada à l'étranger. Quant au charme suranné et aux formes extérieures de la diplomatie : les réceptions et les dîners brillants, les activités sociales, parfois nombreuses, ont leur utilité, car aujourd'hui les gens sont devenus moins formels et parlent volontiers hors de leur bureau. On rencontre ainsi de façon plus simple des officiels du gouvernement auprès duquel on est accrédité ou les membres de la communauté dans laquelle on vit. Parfois on apprend une information précieuse dans ces réceptions où l'on s'amuse ou l'on se morfond. Un diplomate américain disait un jour à un de ses collègues que « la diplomatie est une torture pour les pieds », à quoi l'autre répondit : « tout dépend si vous vous servez de vos pieds ou de votre tête ».

Pour quels motifs ces hommes et ces femmes sont-ils attirés par les affaires étrangères comme une carrière ? Ils ne sont certainement pas d'abord financiers, mais c'est en premier lieu, pour le sentiment de contribuer, certes modestement, au mouvement de l'histoire, répond Ritchie – c'est quelque chose d'enthousiasmant et d'inoubliable. Certes les fonctionnaires du ministère ne déterminent pas la politique étrangère – c'est l'affaire du gouvernement – mais parfois, sur certains points, ils peuvent l'influencer et c'est une immense joie pour ceux à qui cela arrive. Enfin c'est la fierté, souvent non exprimée, de servir le Canada.

À long terme, et malgré leurs doutes et leurs divisions, les Canadiens ont un sens instinctif de ce que signifie leur appartenance et n'ont nullement l'intention de renoncer à ce privilège, dit Ritchie. Mais cela semble parfois plus clair à partir d'une perspective éloignée que de chez soi. L'ambassadeur souligne l'apport de la diversité au ministère des

---

[27] Publiée in *The Empire Club of Canada Speeches 1964-1965*, Toronto, 1965, p. 54-62.

Affaires étrangères où coopèrent des agents d'origine diverse, une véritable école pour l'unité du Canada – les Canadiens français y ont donné une contribution remarquable sous la direction de secrétaires d'État tels que M. Saint-Laurent et Paul Martin, les sous-secrétaires Jules Léger et Marcel Cadieux.

Naturellement, les évolutions dans le service diplomatique ne se limitent pas au Canada mais concernent toutes les diplomaties. La rapidité des communications télégraphiques a complètement modifié la position des diplomates en poste à l'étranger. Ils reçoivent dorénavant un flot quotidien d'instructions télégraphiques auxquels ils répondent par un autre flot de rapports. La dépêche diplomatique est devenue une méthode de communication de moins en moins utilisée et un art désuet, observe Ritchie, tandis que le télégraphe ne favorise pas la qualité du style. À l'époque où les instructions mettaient des semaines et des mois pour arriver à l'ambassadeur, ce dernier avait beaucoup plus de possibilités de prendre des initiatives. On imagine avec une certaine nostalgie cette époque sans instructions par télégraphe et téléphone. Aujourd'hui, l'avion transporte les Premiers ministres, les ministres des Affaires extérieures de capitale en capitale dans un ballet sans fin de réunions, de rencontres directes et souvent en tête à tête avec des chefs de gouvernement et des ministres étrangers.

L'autre changement considérable qui a transformé le modèle traditionnel des relations diplomatiques bilatérales est le développement de la diplomatie multilatérale, non seulement depuis la création des Nations Unies après la Seconde Guerre mondiale, mais avec l'OTAN et les multiples organisations régionales de nature politique, économique, commerciale, culturelle : cela montre l'énorme complexité des problèmes qu'un diplomate moderne doit traiter. Aujourd'hui le rôle d'un représentant à l'étranger s'est singulièrement compliqué : il assure la continuité et, autant que possible, la centralisation de l'action ; il est – ou il devrait être – capable de rendre compte des mouvements de l'opinion, d'obtenir des informations, d'exposer les conceptions de son gouvernement. Enfin les qualités d'un diplomate demeurent en partie constantes : s'il est brillant et aimable, c'est excellent, mais l'essentiel est surtout que ceux qui traitent avec lui sachent qu'il est digne de confiance. Le pire défaut chez le diplomate, estime Ritchie, est la vanité – qui fait qu'un homme exagère son rôle, fausse son rapport aux événements pour se donner plus d'importance, et se laisse aller à des indiscrétions pour faire voir son savoir ou son information. Un jour le lieutenant-colonel Robert H. Hilborn, Président de l'« *Empire Club of Canada* », trouva que la carrière de Ritchie illustrait les termes dans lesquels John Adams, second Président des États-Unis, avait envoyé ses représentants en

Charles Ritchie ou l'observateur engagé

France pour « éclairer les ombres, dissiper les préjugés, rectifier les erreurs et préciser toutes les différences ».

La publication des mémoires de Charles Ritchie fut remarquée à la fois comme témoignage historique et comme une œuvre littéraire[28]. L'auteur fut reconnu officiellement par son pays en recevant le Prix du Gouverneur général pour *The Siren Years*. Cet écrivain unique, d'une ample culture américaine et européenne, au style vif, plein de fraîcheur et de naturel, retient l'attention et charme le lecteur. Il suggère un regard neuf sur les personnes et la façon dont il a vécu les événements qu'il rapporte et qui, pour la plupart, jalonnent la vie publique. Ses observations, véritables croquis saisis sur le vif, ne valent pas seulement par la justesse du trait ni par l'humour du regard et la liberté de ton, mais ses pensées, souvent philosophiques, qui interrogent sur les raisons de l'action et le dévouement à son pays, concernent la destinée humaine et suscitent l'intelligence du lecteur.

---

[28] Malgré certains commentateurs qui le désignent comme « *Un-Canadian* », selon Robert Fulfort, *The National Post*, 29 mai 2001.

CHAPITRE VII

Douglas Valentine LePan et les éclats de la mémoire

Douglas Valentine LePan est né le 25 mai 1914 à Toronto où vivaient son père, Arthur D'Orr, qui était officier, et sa mère Dorothy Lucinda LePan. Il fait ses études à l'Université de Toronto (B.A. 1935) et à Oxford, puis il est lecteur en littérature anglaise à Toronto et Harvard (1937-1941). Il se marie en 1948 avec Sarah Katharine Chambers ; ils auront deux fils.

Pendant la Seconde Guerre mondiale, il servit comme conseiller auprès du général A.G. McNaughton en 1942-1943, puis comme officier au Premier régiment d'artillerie pendant la Campagne d'Italie, jusqu'à la fin de la guerre. Il entra alors en 1945, au ministère des Affaires extérieures. Sa carrière diplomatique le conduisit au Cabinet du haut-commissaire à Londres ; il participa à la Conférence des dommages de guerre, à Paris en 1945, et à la Conférence de la paix en 1946. Après un congé où il bénéficia d'une bourse Guggenheim en 1948, il est attaché au Cabinet du ministre des Affaires extérieures Lester Pearson en 1950-1951. De là, il participe aux conférences internationales sur l'aide au développement pour l'Asie, à Colombo, Sydney, Londres. Il est nommé conseiller puis ministre conseiller à l'ambassade du Canada à Washington de 1951 à 1955 ; il assiste aux conférences économiques du Commonwealth en 1952 puis il est désigné comme directeur de la recherche de la Commission royale pour la prospective économique du Canada en 1955-1958 ; enfin il sera nommé au ministère, comme sous-secrétaire d'État adjoint pour les Affaires extérieures en 1958-1959.

Mais il reprend une carrière universitaire, successivement comme professeur de littérature à Queen's University, à Kingston en Ontario, de 1959 à 1964 ; puis comme principal et ensuite professeur à l'Université de Toronto en 1964-1970, dont il sera professeur émérite en 1979.

À travers sa double carrière de diplomate et d'universitaire, D.V. LePan demeura un créateur littéraire, particulièrement comme poète. Son œuvre publiée au long de sa carrière de diplomate, d'officier et d'universitaire, comporte de nombreux titres de poésie, de souvenirs. Il est décédé le 27 novembre 1998.

Ses ouvrages lui valurent d'éminentes distinctions littéraires au Canada. La médaille Lorne Pierce de la Société royale du Canada lui est attribuée en 1976 ; il préside l'Académie des humanités et des sciences sociales de la Société royale du Canada en 1978-1979. Membre du Conseil canadien, il reçoit l'Ordre du Canada en 1999 et, à cette occasion, il est qualifié comme « Un grand Canadien qui a contribué à définir notre identité ; il a apporté des contributions importantes à la littérature, à la politique et à l'université ».

Diplomatie économique et création poétique

D.V. LePan n'a que partiellement évoqué sa carrière diplomatique, qui le place pourtant au cœur des affaires parmi les plus délicates, à partir de la Seconde Guerre mondiale. Durant trois ans, de 1945 à 1948, responsable des rapports économiques pour la représentation du Canada à Londres, il devint familier des problèmes économiques internationaux de cette période. Il participa activement aux négociations de politique commerciale du Canada avec la Grande-Bretagne en mai 1945, qui aboutirent à l'accord britannique pour la non-discrimination envers les importations canadiennes – les marchandises du Canada seraient dorénavant traitées de la même façon que celles provenant de la zone sterling. Comme les affaires économiques ne correspondaient ni aux compétences ni aux intérêts du haut-commissaire de l'époque, Vincent Massey, LePan dut y prendre une part spécialement active – de plus, après le retour de son chef à Ottawa, au printemps 1946, il se trouva seul au haut-commissariat à Londres avec ses collègues Ritchie et Ford[1] pendant plusieurs mois. La situation changea avec l'arrivée de Norman Robertson, très au fait de ces questions, qu'il seconda avec dévouement et dont il bénéficiait de l'estime. Ainsi le professeur de littérature anglaise était-il devenu, après des débuts laborieux, expert économique à Londres. Avec Charles Ritchie et Ford, ils formaient une remarquable équipe ; Robertson considérait leurs dépêches comme du niveau de l'*Economist*, disant au Département sa satisfaction de bénéficier d'excellents collaborateurs[2]. LePan et R.A.D. Ford recevaient ses recommandations de tenir informés, l'un les équipes scientifiques et militaires, l'autre les représentants commerciaux, du contenu des réunions de service hebdomadaire. LePan dut faire reconnaître sa compétence dans des questions financières, notamment à l'occasion de l'affaire

---

[1] Cf. chapitres VI et VIII.
[2] Cf. John English. *The Worldly years. The life of Lester Pearson*, vol. II, p. 208.

des prêts américains et canadiens à la Grande-Bretagne, le début du plan Marshall, la première convertibilité de la Livre Sterling en 1947 et la crise qui suivit. Une dépêche du début de 1947 précisait que les Anglais « ont été plus que satisfaits » par le niveau de leur balance des paiements en 1946 (que le Premier chancelier de l'Échiquier du gouvernement Attlee qualifiera de « *Annus Mirabilis* ») car leur déficit n'atteignait pas ce qu'ils avaient redouté, et ils espéraient que le taux des prêts américains et canadiens allait baisser. De retour à Ottawa, LePan tiendra souvent le rôle d'intermédiaire entre Robertson et L. Pearson, secrétaire d'État aux Affaires extérieures, qui était en relation étroite avec le Premier ministre et s'avérait le passage obligé pour les questions de politique étrangère[3].

Sans pénétrer dans le contenu et l'ampleur de ses missions diplomatiques ni dans ses fonctions successives, on peut relever, à titre d'exemple, son activité déployée dans une grande variété de domaines sur des sujets les plus divers – des correspondances avec L.-D. Wilgress[4] à l'OTAN, des lettres et notes pour le Premier ministre, pour la division économique, des memorandums rédigés en un style clair et élégant. Plus tard il s'agira de la visite du Premier ministre au président Eisenhower le 7 mai 1953, de la visite de W. Churchill en Chine, de développement économique, du Plan Rapacki impliquant Norvège et Pologne, de la crise financière en Inde... Il prépare plusieurs études sur les relations Canada-États-Unis, entre autres : « *Special position of Canada vis-à-vis the United States* » ; « *Papers for meeting of Canada-United States Committee on Joint Defence* », le 15 décembre 1958 ; en 1959 : « Arrangements entre le Canada et les États-Unis du Comité sur le commerce et les affaires économiques » – concernant des protections commerciales ; des relations avec l'URSS, les discussions portant sur les affaires économiques pendant la rencontre du Commonwealth à Colombo en janvier 1950, qui l'avait passionné[5].

D.V. LePan était convaincu de la portée et de l'efficacité de la défense de la liberté et de la promotion de la tolérance, dans un monde aux structures encore rigides, et de l'exemple donné par son pays. Il expose ces idées – en français – au début d'une allocution prononcée en anglais le 9 juillet 1958 :

> Ici, au Canada, vous avez démontré que les rapports entre les peuples libres ne sont pas affaiblis par des différences de langue et de façon de parler. Il doit en être ainsi pour toutes les nations du monde libre. Le fait que nous

---

[3] Cf. Granatstein, *A man of influence*, op. cit., p. 251.
[4] Cf. chapitre II.
[5] ANC, LePan, D.V. MG, 31-E6, vol. 6.

nous exprimons en des langues et des accents différents ne doit pas affaiblir notre lutte pour une paix juste et durable. Une tradition très ample et très riche s'est établie dans tout le Canada au service de cette tâche si noble. La consécration de votre pays dans ce but a été solide et constante. Vous avez donné un exemple à tous les hommes libres[6].

Dans les responsabilités diplomatiques de négociation et d'organisation qu'il exerça, ses qualités professionnelles furent appréciées : son jugement perspicace appliqué à des situations économiques d'urgence où se posaient des questions de première importance dans le contexte de l'après-guerre, sa capacité de relation avec les milieux cultivés et avec ses collègues, son sens des rapports humains – ainsi que le style de son écriture qui faisait rechercher ses dépêches comme des modèles.

Le kaléidoscope de la mémoire : l'économie de l'imaginaire

Ses mémoires *Bright Glass of Memory : A Set of Four Memoirs* – le kaléidoscope de la mémoire – publiés en 1979, après sa retraite, éclairent des expériences et des périodes qui ont le plus compté dans sa vie professionnelle : d'abord son service auprès du général McNaughton, puis son introduction à l'économie avec sa rencontre avec Keynes, qu'il admirait comme « le plus célèbre économiste du siècle » ; une troisième partie consacrée à la personnalité du poète T.S. Eliot ; enfin les fortes impressions qui lui restèrent des débuts du Plan de Colombo qui posa pour la première fois les questions du sous-développement et des responsabilités mondiales des pays riches.

L'Introduction, de nature autobiographique : « *A Letter to my sons* », est adressée à ses fils Nicolas et Donald. Elle retient d'abord l'attention pour sa sincérité intime : LePan y expose l'intention de ces « Mémoires » et présente des justifications très personnelles, comme peu d'auteurs s'y livrent. Elle porte sur des événements que ses enfants n'ont pas connus car ils n'étaient pas nés – bien qu'ils en aient entendu parler par leur père. Il estime que les lecteurs – et d'abord ses fils – apprécieront de connaître précisément les rapports constituant ces chapitres qui concernent des personnes et des événements, à la fois historiques et autobiographiques, qui ont tant compté dans sa vie.

Il traite familièrement ces sujets, s'appuyant sur des rappels de sa mémoire qu'il complète par d'autres sources, et évoquant ouvertement sa propre vie lorsqu'elle intervient dans l'histoire qu'il raconte. Ainsi la peinture des êtres et des faits qui, entre 1941 et 1951, l'impressionnèrent comme jeune homme, offre un réel intérêt, estime-t-il, à condition de ne

---

[6] *Op. cit.*

pas se laisser écraser par leur ampleur. Il y mêle des souvenirs intimes de cette période, qui fut celle de sa pleine maturité : son mariage en 1948, qu'il vécut presque comme une « expérience cosmologique » (p. 145), l'année où il publia son premier recueil de poèmes (*The Wounded Prince*) qui reçut un bon accueil en Angleterre et au Canada. Nouveau diplomate, il se sentait alors capable d'aborder les affaires les plus délicates et d'exposer clairement les analyses économiques les plus complexes.

Mais, comme d'autres collègues diplomates écrivains, l'auteur prend une distance par rapport à ce genre de publication : il se défie des images et des travers ordinaires de la présentation des « Mémoires » – il sait que son action a contribué à la transformation du réel et a obéi à des impératifs qui ne sont pas ceux de la pensée. Il ne considère ces souvenirs ni comme une histoire, bien qu'il espère qu'ils contribueront à l'Histoire, dit-il (p. 3), ni comme des mémoires diplomatiques qui ennuient souvent le public ni comme une autobiographie au sens de celle de Yeats par exemple. Pas plus que Ritchie, LePan n'a cherché là à créer aucune œuvre d'art ; il ne se souvient pas d'avoir jamais calculé l'impression qu'il eût aimé produire sur le lecteur en tentant d'arranger des faits récalcitrants ! Enfin il n'a pas voulu livrer une confession qui mette tout à nu et dévoile des désirs secrets. Deux chapitres correspondent directement à des personnalités marquantes ou à des périodes de sa vie diplomatique : mais il les a volontairement limités à ce qu'il estime apporter d'original. En effet, tout diplomate a le monde pour champ d'action et pour objet de sa conscience. Or il sait bien que les situations sont infiniment plus larges que ce que sa conscience peut embrasser (p. 4) ; leur évocation, loin de les diminuer, atteste seulement qu'il y participa.

Il tient à rappeler que de nombreuses facettes de sa personnalité et de son action restent absentes de ces « mémoires » sélectifs, et qu'il n'avait pas passé toute sa vie auprès des Grands, tels que ceux dont il rappelle ici la haute figure. Comme le savent bien ceux qui le connaissent, les moments qu'il vécut parmi les gens simples signifient davantage pour lui que tout ce qu'il rapporte et les amis qu'il eut dans les temps difficiles demeurent plus proches que tout ce qu'il put connaître ailleurs. Il cite par exemple, parmi ses souvenirs de guerre les plus intenses, celui d'un conducteur évoqué dans son poème : « *One of the Regiment* » : « *In the air breathed once by artist and condottier...* »[7], ou l'officier dans son command car en tête de colonne, dans « *Reconnaissance in Early Light* », ou encore les tirs d'artillerie avant l'attaque de Monte Cassino,

---

[7] *The Net and the Sword*, p. 21.

la traversée du Rapido (p. 4), le franchissement de la ligne Hitler et l'avancée vers Rome lorsque son régiment enlevait une nouvelle position chaque jour et que le ciel était illuminé sous le feu italien où planait le risque permanent de la mort.

Un être partagé

Dans cette introduction aux accents intimes, il ne s'appesantit pas sur les efforts quotidiens qu'il avait déployés pour remplir au mieux sa fonction dans sa famille, veiller à son unité, dit-il avec pudeur, avant la séparation avec son épouse, en 1971, après 23 ans de mariage. Ces Mémoires ne sont donc pas un « Journal » ; l'auteur a préféré laisser ailleurs cette part de lui-même. Pourtant il ne peut éviter de donner une explication, car il y va de l'unité de sa vie, comme il l'expose avec toute sa conviction. En effet, sur le double plan de la création poétique et de ses relations avec ses fils, où se traduit l'effort d'unification de sa personnalité, c'est vraiment mourir que de dissimuler – « *is death to hide* » dit-il (p. 4) – le processus de créativité que couvrent les secrets et les fureurs, parfois les habitudes, et qui les transmue en poèmes. Dans cette apologie de la fonction poétique qui s'avère le cœur de sa propre existence, il avoue le regret de n'avoir consacré qu'une part minime de son énergie à ce qu'il réussit finalement le mieux, estime-t-il, c'est-à-dire ses poèmes. Il retrouve ici avec humour ce qu'il y a de commun entre les deux extrêmes : l'imaginaire et l'économie, car dans le royaume de l'imagination aussi règne une loi d'avantages comparés, comme en économie, et toute négligence entraîne ses propres risques. Conscient d'avoir réalisé une œuvre, il estime ainsi, en 1979, que les poèmes qu'il écrit surpassent tout ce qu'il a pu faire auparavant, et il nourrit l'espoir de progresser encore.

Un lien secret entre cette veine poétique et ses activités éclaire les mouvements de sa sensibilité dans ses rapports avec ses fils et ce qu'il donne à l'écriture. Il voudrait persuader ses enfants qu'il est différent de ce qu'ils savent de lui. On découvre ici une analyse complexe de l'âme de tout être humain mûr, qui veut considérer son unité à travers sa propre évolution, et en révéler à ses proches des phases et des faces qui l'ont constitué, mais qui leur sont étrangères et qu'ils ont encore à découvrir pour pouvoir le comprendre en son unité. Par définition, les enfants n'ont pas connu leurs parents tels qu'ils furent autrefois, avec des qualités morales, physiques ou sociales parfois analogues aux leurs, dont plusieurs se sont modifiées voire estompées avec le temps ; ils demeurent à cet égard dans l'ignorance et même dans l'incapacité à s'en rendre compte, voire de communiquer avec eux car ils considèrent leurs parents comme fixés à l'âge de leur apparence actuelle. Ainsi ses fils ne l'ont pas connu tel qu'il se revoit autrefois : brillant, séduisant, énergique, bon vivant. Il se souvient que, lorsqu'il enseignait l'anglais à Toronto et Harvard, il dominait complètement le bégaiement qui l'avait empoisonné depuis sa jeunesse. Il fait plus largement allusion à la difficulté qu'il eut longtemps à maîtriser des troubles de sa personnalité intime, jusqu'à l'homosexualité, et à ordonner sa vie qui jaillissait simultanément dans des directions diverses, sans coordination. Or les périodes correspondant à ces Mémoires furent à ses yeux les plus favorables à l'unification de son être et à sa vie familiale, dont la naissance de son fils Nicolas, en 1951, qui marqua un autre seuil. Mais conscient que rien n'est jamais acquis, il lui semble toujours être un « éternel commençant », selon une expression de Rainer Maria Rilke, qu'il reprend à son compte.

On avait demandé un jour à LePan s'il envisagerait de rassembler les souvenirs de tout ce qu'il avait fait dans sa vie, mais il ne se posait pas alors la question. Maintenant il estime que si ces « Mémoires » n'en sont pas vraiment, ils contribuent néanmoins à clarifier une période de sa vie et qu'ils peuvent déboucher sur une profonde synthèse. Impressionné par les *Two Memoirs* de Keynes[8], à cause de son admiration personnelle pour le grand économiste dont l'ouvrage l'avait amené à imaginer ce qu'il pourrait écrire lui-même, il avait failli intituler son propre texte : « *Four Memoirs* ». Mais en relisant celui de Keynes, il avait été si ébloui par son intelligence que c'eût été une folie, à ses yeux, de le désigner ouvertement comme référence. LePan avait prévu de dédier son ouvrage à ses fils : Nicolas l'économiste et Donald, poète et dramaturge – qui se partageaient les deux passions intellectuelles de sa propre vie ! Ils lui semblaient dorénavant assez mûrs pour les comprendre et assez enthousiastes pour les apprécier. Enfin il espérait qu'au-delà, ce livre bénéficierait d'une plus large audience.

Lord Keynes, T.S. Eliot, le général Naughton, le Plan Colombo

Ces « Mémoires » dessinent trois grandes figures de personnalités pour lesquelles LePan manifeste une admiration sans bornes.

D'abord Lord Keynes, qu'il avait rencontré lorsque ses propres connaissances en économie étaient encore élémentaires, et lors de

---

[8] John Maynard Keynes (1883-1946), Lord Keynes en 1942, économiste britannique, étudia à Cambridge, professeur à King's College, auteur de la célèbre *Théorie générale de l'emploi, de l'intérêt et de la monnaie* (1936). Il s'agit de *Two Memoirs* : *Dr. Melchior, a Defeated Enemy, and My Early Beliefs*, A.M. Kelly, New York, 1949.

circonstances officielles qui n'avaient jamais été rapportées. Ce fut à l'ouverture des négociations pour les prêts consentis à la Grande-Bretagne par le Canada puis par les États-Unis – la Réserve fédérale de Washington – dans l'auditorium de Kings College, à Cambridge. LePan y avait été professeur associé et il découvrit là, avec plus de familiarité qu'il ne le fit plus tard, l'ampleur du génie (p. 2) de Keynes.

En ce qui concerne ses relations de poète et d'historien de la littérature avec T.S. Eliot qu'il avait connu à Londres[9] où Keynes et Eliot faisaient partie du groupe de Bloomsbury de Virginia Woolf – la canonisation exceptionnelle accordée si prématurément à un poète l'avait incité à le connaître comme homme, ce qui devait faciliter l'approche de son œuvre – cette attitude vaut pour la connaissance de LePan lui-même ! Eliot figurait comme un modèle inimitable. LePan cite notamment ces vers, les plus obsédants à ses yeux, jamais écrits par un poète, et qui témoignent fidèlement les traits de sa personnalité.

« This is my affliction
Eyes I shall not see again
The eyes outlast a little while
A little while outlast the tears
And hold us in derision » (p. 144).

Ils rendent, dit-il, une nostalgie, comme un parfum unique ou la perfection du cristal de Venise, et un mystère qui nous pénètrent. LePan s'écrie : « *How perfectly, how beautifully it is made !* », la profonde sincérité de toute sa vie se confond avec celle de la poésie (p. 144). Il rapporta donc ces souvenirs à la demande de ses fils.

La troisième grande figure de ce triptyque est celle du général A.G.L. McNaughton, auprès de qui LePan servit et qu'il tient pour « le plus remarquable canadien » qu'il ait rencontré. Il conserva des relations amicales avec lui plus tard – « quand je fus devenu quelqu'un d'honorable », dit-il.

La quatrième partie des Mémoires rapporte la découverte de l'ampleur et de l'urgence des questions économiques internationales, à travers les réunions pour le « Plan Colombo » auxquelles il assista. Ainsi, en ce début de carrière où le jeune diplomate se sentait plein de confiance en la vie et en ses propres capacités, il fut envoyé à Colombo,

---

[9] Thomas Stearns Eliot. Né à Saint-Louis (Missouri). De 1888 à 1965, il étudie à Harvard, à Paris où il écoute des cours de Bergson, puis en Allemagne. Pendant la Guerre, il est réfugié à Merton College (Oxford) en Angleterre, puis il entre à la Lloyds Bank. Il publie ses poèmes dès 1917, à Londres, et notamment en 1922 : *Waste Land*. En 1927, il se fait naturaliser citoyen britannique. Le prix Nobel de littérature en 1948, contribue à sa célébrité, déjà établie, de poète officiel.

Sydney et Londres, pour participer en 1950 aux réunions préparatoires à ce qui allait devenir le « Plan Colombo » pour le développement économique et de la coopération du Sud et du Sud-Est asiatique. Ces réunions – qui se tenaient simultanément aux rencontres entre les ministres des Affaires étrangères des pays membre du Commonwealth – désignaient comme tels les pays sous développés ; elles établissaient pour la première fois que les phénomènes économiques d'une grande partie du monde le concernaient comme un tout, et elles déclaraient explicitement l'obligation pour les pays plus avancés de leur apporter leur aide. La découverte du monde musulman, hindou et bouddhiste fut pour lui, qui n'avait jamais quitté auparavant l'aire de la chrétienté occidentale, un grand événement et, précise-t-il, une grande libération (p. 146). Il prit conscience du caractère limité de sa formation et il réalisa combien ces très anciennes civilisations et le vaste monde débordaient ce qu'il avait connu jusque là. Contemplant en avion la terre qu'il survolait, il portait vers la courbure de l'horizon son regard de découvreur des cultures, hors des limites de son monde familier. Il avait pourtant fait l'expérience de la guerre et de ses dévastations, et parfois éprouvé le monde comme vallée de larmes, mais à Colombo il recevait de plein fouet le spectacle de la désespérante pauvreté de l'Inde, à quoi rien ne l'avait préparé. Ce qui touche son affectivité, heurte en même temps sa rationalité d'économiste, formée dans le sillage de Keynes. C'est pourquoi il estime que son témoignage comme observateur et comme acteur mérite d'être connu, d'autant plus que ces problèmes mondiaux demeureront présents longtemps, prévoit-il, même pour ses fils, et qu'ils ne cesseront de croître en ampleur et en urgence.

Une fraîcheur métaphysique

Son œuvre littéraire, poétique et de fiction, fut reconnue pour la sensibilité et l'originalité de l'inspiration, pour la force de l'expression et l'art de la composition. Elle s'étend sur presque un demi-siècle. D.V. LePan reçut à deux reprises le prix du Gouverneur général, en 1953 pour la poésie, avec son second recueil *The Net and the Sword* et, en 1964 pour la fiction, avec sa nouvelle *The Deserter*.

Le premier recueil : *The Wounded Prince and Other Poems*, est publié en 1948 quand LePan est Premier secrétaire à la Maison du Canada, à Londres. L'ouvrage suscite l'intérêt de la critique en Grande-Bretagne et au Canada. Comme le souligne la présentation, LePan conjugue un don exceptionnel pour l'expression et un sens de l'unité : ses compositions sont des œuvres complètes. On accompagne l'auteur dont l'imagination conduit la création dans l'union de ses symboles et de ses expériences. Mais son œuvre est vraiment moderne : qu'il médite sur les anciens pionniers canadiens ou sur la situation humaine de notre temps, ou qu'il écrive de façon plus lyrique et personnelle, ses vers ont une fraîcheur, une vigueur et une profondeur qui la marquent comme une poésie vivante. Son recueil s'enracine dans la tradition européenne mais il exhale en même temps un parfum indéfinissable, une respiration du Nouveau Monde, qui apparaît comme rafraîchissant. On retiendra en particulier le poème : « *The Wounded Prince* » qui donne son titre au recueil entier.

> « In the eye is the wound »
> In your dear eye...
> The dark scar sings from the wanton thicket
> Its princely grief ;
> ... from wounds
> By love inflicted...

« *A Country without a Mythology* » de 1948, désigne le Canada. Bien d'autres poèmes y font écho : « *The Waterfall* » ; « *Bounty of the Moon* » ; « Coureurs de bois », « *Outcast Islands* ». Ce poème provoque la recherche du sens. Il introduit dans la nature sauvage et primitive du Canada, sans repères en son immanence, dont la mythologie n'est pas celle de l'homme blanc, désorienté dans cette nouveauté radicalement vierge – comme le temps lui-même en son advenue.

> And yet, for all his haste, time is work nothing.
> Months, years, are here unbroken virgin forest.
> ... The wilderness
> Will be a garment innocent and lustrous
> To wear upon a birthday...

L'interrogation du poète gagne le lecteur devant l'ouverture de l'avenir qui le reconduit à soi. Il y a là le signe d'une interrogation métaphysique que l'on ressent, à peine dissimulée, en lisant l'Introduction de *Bright Glass of Memories* :

> And now the channel open. But nothing alters.
> Mile after mile of tangled struggling roots,
> Wild birds hysterical in tangled trees.
> And not a sign, no emblem in the sky
> Or boughs to friend him as he goes ; for who
> Will stop where, clumsily contrived, daubed
> With war paint, teeters some lust-red Manitou ?

Le poète anglais C. Day Lewis, poète « lauréat », précise les raisons pour lesquelles il apprécie l'originalité de l'œuvre de l'auteur. Selon lui, LePan a été touché par l'illusion de l'art, qui nous rend plus sensibles et intelligents que nous ne le supposions. Ses textes ouvrent le regard sur la vie. Ce n'est pas qu'ils innovent sur le plan technique ni pour la compréhension de notre époque, mais ces vers naissent d'un esprit imaginatif et intelligent, d'une personnalité mûre pour qui la poésie s'avère le recours naturel venant combler un manque. Elle vient à votre rencontre, dit-il, avec un air amical et détaché, sans chercher à vous retenir ou à s'imposer.

Or le don de l'auteur pour l'expression frappe immédiatement ; le mouvement du vers, la pensée qui trouve son rythme, s'accélère ou ralentit, est sensible dans le *legato* du poème comme unité. Lewis relève notamment des vers de « Coureurs de bois » : « *Who put their brown wrists through the arras of the woods* » – tandis que les six derniers poèmes montrent une souplesse du rythme, un compromis entre l'argument intérieur et la forme, plus parfaits que chez de nombreux auteurs qui s'y sont essayés. Son style lyrique souligne des contrastes entre la description et l'évocation plus savante, moins accessible au rythme intérieur. Lewis suggère que la clé de compréhension de la poésie de LePan tient en sa capacité de réunir « *Wild Hamlet with the features of Horatio* » (p. viii). Canadien et européen par ses thèmes où se rencontrent le Nouveau et le Vieux Monde, il est peut-être le premier chez qui ce partage demeure équilibré. Son imaginaire est marqué par la nature de la région de Toronto et par la présence de l'eau. En même temps, restent présents les paysages de l'esprit et la situation précaire de notre monde, « *The contemporary predicament* », où le critique retrouve des caractères shakespeariens, précise-t-il, dans l'Introduction à *The Wounded Prince and Other Poems*.

Son second recueil de poésie, *The Net and the Sword* (1953) choix de ses poèmes, reçut le Prix du Gouverneur général la même année. Il s'inspire de ses expériences de la Seconde Guerre mondiale pendant les dix-huit mois de la Campagne d'Italie. Ses réflexions dressent les contrastes entre la fureur du champ de bataille et la calme solitude de la nature canadienne originelle, l'histoire et la destruction, la mutilation de l'humanité morte et la puissance de la vie :

… And he, grown proud,
Among the sun's bright retinue
Would die,
Whose care is how they fall, not why.

Le poète diplomate économiste choisit le mot précis et trouve le ton juste dans l'évocation des personnes et la narration de l'action qui projettent le lecteur dans les situations et lui rendent présent les caractères – par exemple la figure du jeune soldat canadien décidé à remplir sa mission avec un héroïsme quotidien. À partir de l'ample contemplation d'une situation, il conjugue ses impressions, ses souvenirs et ses sentiments dans des poèmes inspirés de méditation et de réflexion.

LePan voulait demeurer surtout pour sa poésie amoureuse qui, dans ses dernières années, suivait l'évolution de son affectivité, comme on le voit dans les poèmes de *Far Voyages*. Son œuvre a suscité plusieurs études et son œuvre poétique est introduite dans les anthologies[10].

---

[10] Entre autres : R.L. Mc Dougall, *Bright Glass of Memory*. Canadian Literature, n° 87, 1980. Eliot Gose, *The Deserter*. Canadian Literature, n° 24, 1965. Stoicheff, Peter, « Douglas LePan ». Heath, Jeffrey M. (ed.), *Profiles in Canadian Literature*, Toronto, Dundurn, 1986. Thaniel, George, « The Moon, the Heron, and The Thrush », George Seféris, Douglas LePan, *Classical and Modern Literature, A Quarterly* 9.4 (1989). Cf. *Oxford companion to Canadian literature*, 1997 (2ᵉ édition), p. 649. *Canadian Encyclopedy*, 1985.

CHAPITRE VIII

Robert Arthur Douglass Ford, *Our Man in Moscow*

Robert Arthur Douglass Ford est né à Ottawa le 8 janvier 1915. Son père Arthur Ford était journaliste au *London Free Press*. Il fait ses études aux Universités de Western Ontario et de Cornell où il obtient une maîtrise en Histoire et il entreprend d'étudier le russe en vue de préparer un diplôme sur les relations franco-russes. Il entre au Département des affaires extérieures en 1940 d'où sa carrière le conduisit en plusieurs postes à l'étranger et lui offrit des responsabilités dans diverses commissions internationales. Il est en poste successivement à Rio de Janeiro, à Londres ; bientôt deuxième secrétaire à Moscou en 1946 où il retourne comme chargé d'affaires en 1951-1954. Il devient ensuite chef du secrétariat pour l'Europe au ministère. Il est alors nommé ambassadeur en Colombie en 1956-1959, puis en Yougoslavie de janvier 1959 à mai 1961, ambassadeur en Égypte en 1961-1964, accrédité au Soudan. De là il est envoyé comme ambassadeur en URSS en 1964 ; il y restera seize ans, jusqu'en 1980. Enfin, il est conseiller spécial du gouvernement pour les relations Est-Ouest en 1980-1983 et membre de la Commission indépendante sur les questions de désarmement et de sécurité, présidée par Olof Palme.

Il a publié en 1989 des mémoires de ses séjours en Russie comme diplomate : *Our Man in Moscow : A Diplomat's Reflections on the Soviet Union from Stalin to Brezhnev*, et sa traduction française en 1990 : *Diplomate et poète à Moscou. Réflexions d'un diplomate sur l'Union soviétique*. Ces souvenirs qui relatent les événements politiques et présentent l'état de la société témoignent de la façon compréhensive dont R.A.D. Ford interprétait sa fonction en s'intéressant à la création artistique et aux manifestations de la littérature en URSS, comme l'expose l'étude qu'il publia en 1995 : *A Moscow Literary Memoir : Among the Great Artists of Russia from 1946 to 1980*. Il traduisit des poètes russes en anglais. Parallèlement à ses fonctions, il développa toute sa vie une activité permanente intime : la poésie, dont il publia régulièrement des recueils.

Robert Ford était Compagnon de l'Ordre du Canada depuis 1971 « pour services rendus au pays en tant que diplomate et homme de lettres ». Il prit sa retraite en France, à Randan, dans le Rhône, où il décéda le 12 avril 1998.

Parcours occidental et retour à l'Est

Ses *Réflexions* offrent à travers un panorama historique depuis l'ère stalinienne et les régimes de Krouchtchev et de Brejnev jusqu'à « la génération Gorbatchev », une analyse perspicace et informée de la mentalité russe et de l'évolution du pays. Il évoque d'abord l'histoire des sept décennies de communisme qui ont façonné les mentalités et les comportements. Les rapports avec l'Ouest restent au centre, et la « relation difficile » avec le Canada, la lutte pour les droits de l'homme, les problèmes intérieurs et les dilemmes extérieurs de la Russie : l'Europe de l'Est, la Chine, l'Afghanistan, sur fond de relations entre superpuissances. Ford n'a voulu faire ni une étude d'universitaire ni un rapport de diplomate mais il a cherché à éclairer « le phénomène qu'est la Russie » (XI) où il a connu, ès qualités, outre les hauts fonctionnaires – il fut le seul diplomate occidental à avoir eu affaire avec tous les responsables soviétiques depuis la fin de la guerre – le milieu de la culture et de l'intelligentsia, et où sa connaissance de la langue lui a permis de dialoguer librement avec des interlocuteurs non officiels.

Il avait appris le russe pour étudier les relations entre la France et la Russie avant d'entrer aux Affaires extérieures à l'été 1940. Pour sa première affectation en 1941, il est nommé au Brésil. Un an plus tard, sa spécialisation l'ayant fait remarquer, il est désigné pour la délégation canadienne à Kouïbychev, capitale des temps de guerre, mais l'affectation échoue car son ambassadeur s'y oppose. En 1945, il est à nouveau choisi pour la Russie, à Moscou ; cette fois son départ est retardé par la découverte d'un réseau d'espionnage. Toutefois l'année 1946 lui est favorable : en janvier où il est envoyé à la première Assemblée générale des Nations Unies, il fait connaissance de sa future épouse, Thérésa Gomez, de Rio de Janeiro, qui faisait partie de la délégation brésilienne. Enfin en septembre, il est bien nommé à Moscou. Alors de Londres, où il s'embarque avec son épouse sur un navire soviétique, il gagne par la mer du Nord, Stockholm, Helsinki puis, fasciné par Léningrad dont il contemple le centre ancien préservé, il gagne Moscou où ils s'installent sans confort. Il fait l'expérience de l'hostilité des soviétiques à l'égard des étrangers, suspects par définition, qui rend l'activité laborieuse, mais il a le sentiment permanent d'une proximité avec le paysage et le climat. Après une mission de quatorze mois, Ford retourne par la même voie au Canada.

Il reviendra en URSS en 1951 comme chargé d'affaires ; cette fois il tint à arriver par le train, depuis Paris, par Varsovie détruite d'où trois jours furent nécessaires pour gagner Moscou. Dans cette ère presque post-stalinienne, la situation se caractérisait par une grande pauvreté, qui n'excluait pas des différences de classe avec la formation d'une classe de privilégiés du régime pour qui, sans ironie, « l'égalitarisme est une déviation gauchiste » (p. 19). En même temps, l'attitude vis-à-vis des étrangers s'était durcie, conséquence de l'isolement des soviétiques après les événements qui avaient opposé l'URSS et l'Occident : le coup de Prague, la défection de Tito, le blocus de Berlin, la guerre de Corée : les anciens alliés de la Guerre étant devenus des adversaires potentiels, pour les officiels.

Il profita du dégel qui suivit la mort de Staline, en mars 1953, pour visiter l'Ukraine. Il parcourut le pays, notamment Kiev et les régions qui avaient beaucoup souffert des guerres et du régime depuis des décennies, où la situation était pire qu'à Moscou et où les Russes tentaient de dissoudre le sentiment ukrainien. En 1953, Molotov, ministre des Affaires étrangères, hostile à Krouchtchev, tentait de se rapprocher des occidentaux. Il demanda qu'un ambassadeur fût nommé au Canada. Ford rentre alors à Ottawa en mars 1954 comme chef de la Division Europe où il restera trois ans. Au ministère, il s'attache à faire comprendre l'attitude diplomatique de l'URSS en interprétant les propositions soviétiques non comme un aveu de faiblesse mais comme le moment d'une stratégie : ainsi la question sensible du désarmement, si débattue au Canada, ou celle du statut de l'Allemagne doivent-elles être replacées dans un ensemble qui, aux yeux des Russes, est celui des conditions de la poursuite de la paix et de la sécurité en Europe, mais l'URSS n'était pas opposée à des ouvertures. Il voit dans la déstalinisation l'occasion à saisir pour entraîner des mesures appropriées, dans un climat de confiance, notamment sur la question cruciale du désarmement. Mais Ford n'est pas toujours suivi, et le ministre Paul Martin suspecte les mesures unilatérales adoptées par l'URSS en matière de réduction d'effectifs militaires, comme étant tardives et hors contrôle.

Puis ce fut la Colombie, Bogota, « l'Athènes des Amériques », au moment où paraissait son premier recueil de poésies, *A Window on the North*, couronné par le Prix du gouverneur général. Le séjour ne se prolongea pas, car en décembre 1958, il est envoyé en Yougoslavie. Il y ressent le communisme comme une « déviation d'une tristesse infinie », selon l'expression de Laurence Durrel – Ford (p. 35) l'applique à l'URSS. Au printemps 1961, John Diefenbaker le nomme ambassadeur en Égypte, en République Arabe Unie ; puis les événements le conduisent à nouveau en URSS, où il est désigné comme ambassadeur juste avant le retour des libéraux en 1963 avec Lester Pearson, et il est immédiatement confirmé dans son affectation par Paul Martin, nouveau ministre des Affaires extérieures. Il arrive en janvier 1964.

L'URSS figée et le dégel par la culture

Les relations avec la Russie s'avéraient délicates du fait de la situation géopolitique du Canada entre la zone polaire et les États-Unis, allié omniprésent. La susceptibilité soviétique aux analyses de la Presse canadienne était extrême ; elle provoquait des réactions fréquentes dont l'ambassadeur faisait les frais et qu'aggravèrent en 1965 les accusations d'espionnage au Canada.

La prise de contrôle par Brejnev avait connu des difficultés, notamment avec la Chine, à cause de son soutien au Vietnam communiste. Après la visite plutôt terne du Premier ministre britannique Harold Wilson, celle du général de Gaulle en URSS, au printemps 1966, fut un succès qui donna aux soviétiques l'occasion de retrouver le sentiment de la grandeur de leur pays dans les fastes du Kremlin. « De Gaulle fut à son mieux à cette occasion, dominant l'assemblée, superbement impérial sur l'arrière plan tsariste », estime Ford qui fut étonné que le Général lui demandât à cette occasion des nouvelles du Québec où le libéral Jean Lesage venait d'être battu par Daniel Johnson, et lui confiât « son salut chaleureux au Premier ministre fédéral Lester Pearson ». Ford observe : « Ironiquement, moins d'un an plus tard, il devait embrasser Johnson et insulter Pearson et le gouvernement fédéral avec son cri de "Vive le Québec libre !" depuis le balcon de l'Hôtel de Ville de Montréal ». Il s'interroge même, rétrospectivement, sur ses intentions : si le Général ne s'y préparait pas « lorsqu'il demanda, de façon impromptue, à s'adresser au public du balcon de l'Hôtel de ville de Moscou, devant un auditoire surpris de passants qui, naturellement, ne comprenaient pas un mot de français, bien que de Gaulle à sa manière méticuleuse eût appris assez de russe pour pouvoir émettre quelques sentences élégantes et bien prononcées dès son arrivée à Moscou » (p. 83).

La nature du régime contraignait à expliquer sans cesse la position canadienne et à écouter patiemment la répétition des justifications idéologiques des soviétiques. Heureusement, le domaine des relations culturelles offrait des possibilités d'ouverture dont Ford sut tirer parti – la vie artistique à Moscou, Léningrad et Kiev était intense (p. 104). Tourné vers l'art et les créateurs, il fréquenta régulièrement le milieu des artistes : il connut les musiciens David Oïstrakh, Mstilav Rostropovitch, la cantatrice Galina Vishevskaya. Lui-même poète et traducteur de poèmes russes, il rencontrait habituellement les écrivains, notamment Evgenny Evtouchenko, Bulat Okuzhava, Lili Brik, sœur d'Elsa Triolet et amour de Vladimir Maïakovski, poète de la révolution, qui le reçut dans sa datcha à Peredelkino. Ford témoigne de l'ennui et de l'impatience de ces créateurs devant l'ère Brejnev dont ils attendaient la fin. Personnellement sensibilisé aux conditions de l'expression de la création artistique et sachant y reconnaître un signe de l'état de la société et de la capacité des dirigeants politiques, il suivait l'évolution du sort réservé aux intellectuels. Il observe depuis 1954, un certain dégel qui se prolonge : des poèmes de Pasternak, qui furent annexés ensuite au *Docteur Jivago*, par exemple, « Nuit blanche », de Evgenny Evtouchenko, sont publiés dans des magazines littéraires, le poète Joseph Brodsky est relâché, comme Olga Irinskaya, l'amie de Pasternak, des discussions peuvent avoir lieu sur le formalisme dans l'art, par exemple dans *Sovietskaya Kultura* ; et même *Une journée d'Ivan Denissovitch* de Soljenitsyne est publié en 1962. Mais une réaction dans les années 1970, retourne au conformisme du réalisme socialiste, et « ramena une monotonie abêtissante » (p. 188). Ford évoque le procès et la condamnation de Vladimir Bukovsky en 1972, précédant l'expulsion de Soljenitsyne en 1973 puis celle du violoncelliste Rostropovitch qui avait accueilli l'écrivain. L'analyste demeure sans illusions : « c'est une proposition hautement discutable que la majorité du peuple russe désire la liberté, la liberté dans tous les domaines », dit-il (p. 79), citant un jugement terrible d'Alexander Zinoviev qui passera à l'Ouest en 1978 : « Le système soviétique convient éminemment au peuple soviétique […] il a appris à vivre sans liberté ».

L'ambassadeur retrouva à l'ambassade l'agent Costakis, recruté local introduit dans les milieux artistiques, que Wilgress avait autrefois recruté et favorisé. Ford continua à le protéger suivant un échange de bons services dans un contexte sensible où le soutien réciproque avait pour contrepartie une dépendance mutuelle – Ford, amateur d'art, appréciait ce collectionneur qui facilitait ses rencontres avec des créateurs contemporains et ses acquisitions d'œuvres d'art[1].

L'ère de Pierre Trudeau en 1968, marqua une recherche de la détente, favorisée par « un sentiment d'amitié » du Premier ministre envers l'URSS et « une méfiance profonde » des États-Unis dont il alla même jusqu'à évoquer, lors de sa visite à Moscou, la « présence écrasante » dans le domaine culturel, économique, et « même peut-être militaire » (p. 116). Un protocole bilatéral d'information mutuelle et de

---

[1] Cf. Peter Roberts, *George Costakis : a Russian life in art*, Carleton University Press, Ottawa, 1994, p. 92-119.

consultation – qui avait enthousiasmé les Soviétiques et marqué un rapprochement des deux pays – fut signé mais ne trouva guère d'occasions d'application. Lorsque Brejnev reçut Trudeau, il chercha à le convaincre qu'il faisait partie des « réalistes » qui souhaitaient établir des rapports harmonieux entre les pays et les peuples (p. 117), et qu'il fallait trouver le moyen de réduire la tension avec l'Ouest, lui déclarant : « Nous voulons de bonnes relations avec les États-Unis », et ajoutant même : « Je suis humaniste et démocrate, et je serais heureux de signer avec le Premier ministre un traité de paix et j'en ferai autant avec les États-Unis. » (p. 118). Ford raconte avec une précision non dénuée d'humour la suite de la visite Trudeau, son voyage officiel au cercle arctique attestant l'importance attachée par le Canada à cette coopération régionale, et des dîners pittoresques. En 1971, l'ambassadeur fut chargé de communiquer à Alekseï Kossyguine l'invitation à rendre visite au Canada en octobre dans l'éclat des paysages d'automne.

Puis ce fut « la préoccupation de la Chine », Ford évoquant la vie de diplomates originaux envoyés à Ulan-Bator et exposant l'inquiétude permanente des soviétiques à l'égard du potentiel du géant voisin, notamment lorsque celui-ci se rapprochait du Japon et de sa technologie, et des États-Unis, ainsi que la volonté de ses interlocuteurs de se tourner vers le monde européen et de rendre impossible une guerre avec les États-Unis. Ford estime que les USA ne comprenaient vraiment ni cette situation ni la rivalité entre la Chine et l'URSS.

Le chapitre sur « la bévue afghane et le glacis du Sud » offre une analyse géopolitique éclairante des conditions et des paramètres entrecroisés des cultures de l'Est de la Turquie au Caucase et des républiques d'Asie centrale dont les peuples descendent de Gengis Khan et de Tamerlan, compliqués par les liens religieux, les coutumes féodales que le régime communiste échouait à encadrer ou à (dés)intégrer. Il expose en détail « la bévue afghane » à partir de l'histoire de ces cultures et des interventions étrangères – celles de la Grande-Bretagne et de l'URSS. Puis c'est la fin de l'ère Brejnev, avec son personnel mal dégrossi, peu éduqué, reconnaissant au Parti pour la promotion sociale dont il bénéficie, l'apologie du réalisme socialiste et la répression contre les intellectuels – Brejnev avait rêvé d'« un nouveau condominium mondial ». Il mourra en novembre 1982.

La génération Gorbatchev

Enfin, dans le chapitre intitulé « Postscript » l'auteur propose des réflexions sur la génération Gorbatchev. Son analyse démonte la « dangereuse erreur d'interprétation » (Préface x) de l'occidentalisation de la Russie. Il rapproche la situation de Gorbatchev du dilemme devant lequel se trouvait Pierre le Grand : « Comment concilier la création d'une infrastructure forte, techniquement avancée et efficace... avec la confirmation de la sécurité du système politique actuel dont dépend la survie de la classe dominante ».

Dans les derniers jours de septembre 1980 Ford avait quitté l'URSS après seize ans et demi, dont deux comme doyen du corps diplomatique. Il estimait avoir fait tout ce qu'il avait pu pour développer les relations Est-Ouest bilatérales et pour aider la coopération diplomatique entre les 106 ambassades présentes à Moscou.

Son analyse de l'évolution de l'URSS appelle à la lucidité et au réalisme. Le personnel de décision du pays est relativement neuf, « une nouvelle race » (p. 330) qui n'a pas connu les grands événements historiques vécus par l'URSS, et dont les agents sont davantage « préparés à trouver des solutions nouvelles ». D'origine urbaine, majoritairement des Russes, formés aux universités, ils sont avertis et compétents. Toutefois, ils proviennent tous du Parti, auquel ils doivent eux aussi leur réussite : si leurs initiatives ne peuvent être commandées par le pragmatisme, leur idéologie reste communiste. Ford insiste, à travers ces différences sociologiques, sur la continuité et l'identité qui demeure avec la génération précédente, le but suprême de cette classe dirigeante, élite du PC, étant de maintenir le pouvoir dans ses mains, en ne séparant pas l'objectif de rendre l'URSS forte et prospère, dit Ford (p. 331) et celui de garder le pouvoir. Et ceci, que ce soit par une politique de puissance reposant sur une importante machine militaire et une police omniprésente ou en diminuant les tensions avec l'Occident et le Japon afin de réduire les coûteuses dépenses militaires et de moderniser l'économie, ou encore en conduisant une profonde réforme économique. Ford estime que l'action de Gorbatchev vise à rendre l'État à la fois plus efficace à l'intérieur et plus présentable à l'extérieur. Mais cette capacité à moderniser l'économie se heurte aux limites même du système car, en incitant à l'initiative et à générer du profit, elle suscite la peur devant l'inconnu que représentent les changements et un assouplissement de la planification.

Partagés entre deux mondes

Ces Mémoires constituent un témoignage de première main pour l'analyse historique et la science politique. Elles offrent en même temps une leçon magistrale pour l'approche des cultures et des mentalités, mettant à jour ce que le lecteur occidental avait sans doute oublié depuis la lecture de Dostoïevski, de Pouchkine et de Tolstoï, l'écoute des musiques de Moussorgski ou de Rimski-Korsakov : la différence culturelle. En effet « les Russes, pendant des siècles, ont vécu et pensé dans un univers émotionnel et logique radicalement différent du nôtre », comme Ford le rappelle dans la Préface. Cette différence se manifeste non seulement dans le partage entre slavophiles ou occidentaux qui se réfèrent à l'Occident ou à Moscou, mais à l'intérieur d'eux-mêmes : ils restent « déchirés émotionnellement et politiquement entre leur propre vue spéciale de l'univers et un désir d'appartenir à la civilisation occidentale ». Cet « effort mal défini pour réconcilier deux mondes en une nation » (*op. cit.*) rend compte, selon Ford, de ce qui étonne l'étranger. *Our Man in Moscow*, s'achève sur une pensée du poète Fyodor Tyutchev peignant l'âme russe :

> La Russie ne peut être comprise
> Seulement avec l'esprit – aucune
> Norme ne peut mesurer
> Sa grandeur. Elle se dresse seule, unique.
> On doit seulement avoir foi en la Russie (trad. Ford, *op. cit.*, p. 338).

Son ouvrage fut apprécié… Le président Valéry Giscard d'Estaing lui témoigna son admiration : « Vous êtes tout d'abord un conteur. Vos fonctions diplomatiques vous conduisent à rechercher la précision, le terme exact, le qualificatif judicieux. Votre riche personnalité vous entraîne, toutefois, à y ajouter la note d'humour, l'anecdote pittoresque ou inattendue, le subtil portrait, qui charment votre lecteur et captent son attention. Mais vous ne voulez pas seulement séduire, vous voulez aussi faire réfléchir, et vous y arrivez par la grande connaissance du dossier que vous traitez » (lettre du 16 mai 1990). La critique lui a donné un large écho, comme en témoignent de nombreux articles[2].

Ainsi la carrière de Ford fut-elle surtout liée à la Russie où il servit 21 ans dans trois postes dont 16 ans – une exception ! – comme ambassadeur. Il n'y a rien d'étonnant à ce que la plupart des écrits de ce diplomate poète d'envergure concernent ce pays, ses positions politiques et, en même temps, sa culture. Il prévoyait d'achever et de publier un autre ouvrage, sous le titre *Russia in Our Time*, où ce « principal sovié-

---

[2] « Facts & arguments : lives lived : Robert Arthur Douglas Ford », *Globe and Mail*, 4 mai 1998 par James MacGowan. « *Our Man in Moscow : A Diplomat's Reflections on the Soviet Union, R.A.D. Ford* », dans plusieurs publications : *American Review of Canadian Studies*, Autum 1989, vol. 19, n° 3, p. 352-354 ; *Financial Post*, July 10, 1989, vol. 83, n° 27 p. 14 ; *International perspectives* May-June 1989, vol. 18, n° 3 ; *British Journal of Canadian Studies*, 1989, vol. 4, n° 2, p. 394-395. Ainsi que : « Peekaboo war : for Canada's ambassador to Moscow, life with the KGB : vigil against surveillance… », R.A.D. Ford, *Saturday Night*, February 1989, vol. 104, n° 2, p. 42-50. Et *Canadian Historical Review*, Sept. 1990, vol. 71, n° 3, p. 411-412. Et encore : *Études internationales*, Sept. 1990, vol. 21, n° 3. *Policy options politiques*, janv.-fév. 1990, vol. 11, n° 1, p. 31-33. « Pain d'abord, la liberté, ensuite : le peuple russe ne sait rien de la démocratie, affirme notre ambassadeur à Moscou », *Actualité*, février 1990, vol. 15, n° 2, p. 19-20, 24-25.

tologue au ministère », selon l'appréciation de l'historien Hilliker, aurait pu réunir les textes de ses articles et conférences[3].

Ceux des années 1980-1983 portent sur l'URSS et les relations Est-Ouest : « *The Future of East-West Relations* », où il conclut que si un changement doit intervenir en Russie, d'une part il viendra d'en haut, comme toujours dans l'histoire de ce pays, et non d'une révolte du prolétariat ignorant de la situation, ou des intellectuels comme en Pologne. D'autre part, ce changement doit venir de l'intérieur et non du dehors – tout lui paraît lié à l'incertitude d'une « *twilight rationality* », selon le mot qu'il cite de Walter Scott, ambiguë ou crépusculaire. Une note pour un symposium à Montebello, à proximité d'Ottawa, « *Human Rights and the Soviet Union* » en septembre 1980, précise que les Droits de l'homme tels que les conçoivent l'Occident et le système soviétique sont presque totalement incompatibles, et que les Soviets ne sont pas prêts à changer leur société ni leurs objectifs. Il faut donc trouver une voie pour conjuguer nos idéaux avec cette réalité brutale, conclut Ford. En effet, on peut travailler utilement avec les Soviétiques, mais à certaines conditions qui exigent à la fois lucidité, fermeté et absence de préjugés, comme il le dit dans un séminaire le 25 mai 1981 du ministère de la Défense nationale (1981-1983) : « Les Soviets comprennent et respectent ceux qui sont forts mais corrects avec eux. Sur cette base nous pouvons faire des affaires avec les Soviets ». Son texte pour une conférence « *Managing the West's Relations with the Soviet Union* », en novembre 1981, conclut : « Traiter avec eux sur d'autres bases que la force et une volonté de négocier sur tout, serait dangereux et futile ». De même dans « *The New Soviet Leadership : Implications for the West* »[4]. Il continue à suivre l'actualité politique en URSS, dans « *The Impact of Andropov* » le 4 février 1983. Son article « *The Soviet Union : The Next Decade* », publié par *Foreign Affairs*, à l'été 1984, montre encore que les relations entre l'Ouest et l'URSS sont commandées par la nécessaire compréhension de la société soviétique et la prévision du type de leadership qui sera établi avec elle dans la prochaine décennie.

Une poésie cosmique

La poésie fut l'autre activité créatrice, permanente, de R.A.D. Ford, que certains traits rapprocheraient de Saint-John Perse, diplomate écrivain inspiré par l'Amérique, qui joignit son inspiration et ses références canadiennes à ce que son expérience professionnelle dans les

---

[3] Hilliker, *op. cit.*, t.II, p. 152. L'esquisse de *Russia in our time* est conservée aux Archives nationales du Canada (MG, 31-E73, vol. 1).

[4] Textes d'une vingtaine de pages en anglais.

pays où il servit lui suggéra. Parmi d'autres, on peut évoquer des recueils qui furent les plus remarqués : *A Window on the North, Poems* (1956), qui reçut le prix du Gouverneur général pour la poésie ; *The Solitary City, Poems* (1969) ; *Holes in Space, Poems*, (1979) ; *Needle in the Eye* (1983) ; *Russian Poetry. A Personal Anthology* (1984) ; *Doors, Words and Silence, Poems* (1985) ; *Dostoïesky and Other Poems* (1984, 1988) ; *Coming from afar : Selected Poems 1940-1989* (1990) qui résume sa carrière poétique, et des traductions de poésie.

Needle in the Eye. Poems New and Old (1983) : la brève note liminaire signée par Ford annonce la thématique du recueil qui offre une sélection de ses poèmes regroupés chronologiquement : Ire Partie : Nouveaux poèmes ; IIe Partie : Poèmes anciens de 1940-1950 ; 1951-1959 ; 1960-1969 ; 1970-1979. Ils concernent des thèmes de philosophie, l'amour, la nature – particulièrement celle du Canada – la politique et les expériences d'autres cultures.

Un long poème : « *Luis Medias Pontual in Red Square* » s'appuie sur l'expérience d'un des nombreux réfugiés de la guerre civile espagnole qui vinrent en URSS en 1939 et trouvèrent le système intolérable. Ford voulait exprimer la désillusion de l'URSS pour tant d'esprits qui s'étaient tournés vers elle, lorsqu'après la Guerre, Staline jeta le masque et laissa voir, dit-il, les traits les plus primitifs et repoussants.

La Préface de Ralph Gustafson : « *The World of R.A.D. Ford* » souligne la grâce offerte par les poèmes de Ford à notre monde brutal, et le message de l'auteur : seul l'amour peut sauver le monde. Rien ne nous prémunit contre la destructivité de notre époque, sinon un acte d'amour, sans lequel l'univers se détruit comme sous un tremblement de terre. Sa riche expérience du monde – à travers ses voyages, son imprégnation des cultures – réfractée à travers sa sensibilité intime, inspire ses poèmes. *A Window on the North* est une métaphore des extrêmes violents de la vie contemporaine, une fenêtre sur la vérité, dit R. Gustafson qui entend dans ces poèmes une musicalité originale. Il montre la parenté entre le Nord canadien et la Russie, de même que les ciels du Canada sont les ciels de la Scandinavie aux amples nébulosités qui appellent la lumière, où c'est toujours « *The entrance unperceived of the cold season* ». Plus loin Ford brise les attaches avec tout lieu et retrouve l'originaire fondement dans l'immensité de l'espace, où la solitude génère la mélancolie.

« *The Age of Terrorism* » (1979) s'achève sur :

Love perhaps I can bring with me
To face the chill unknow.
Love must be the only help
Toward a universe destroyed.

Parmi les poèmes choisis, « *Happy Quietude* » (1980) porte en exergue une phrase d'Henri Michaux : « Tout à coup on se sent touché ».

Trois strophes imprégnées de douceur, de « *The Shadow of Your Face* » :

> You are like a door opening on the sky
> When I come to the threshold there is no one there
> But your shadow is pushed under the mat
> And your perfume is in the letter box
> The thinnest colour of sunset is in the air
> It concentrates the distances from you (1965).

De même, « *Needle in the Eye* » (1982) sera dédié « *For Henry Michaux* » :

> ... The needle
> Is in my eye, and I am blind
> By day, and at night navigate
> Alone in a scorched country-side (p. 30).

Et « *Truce* » (1981) ouvre sur une phrase d'Amiel : « Le cœur, comme des rois, sous la forme de paix perpétuelle, ne signe donc que les trêves » (p. 33).

Son troisième ouvrage : *Holes in Space*, 1979, esquisse un espoir à travers l'espace où l'on se perd et l'oubli de l'histoire, suggérés par ses brefs poèmes.

> « Holes in Space » :
> Look, I see holes in space,
> And a tenderness
> Polished with silence
> Your eyes become empty
> With dreaming
> And I can see space between them

dont le sentiment se retrouve dans « *The Losers* » ; « *Stopped in Space* » ; « *The Volcano* ».

Ou encore,

> « The Revisionist » :
> I cannot live without history
> History need not be true
> It need only exist.
> It makes me in this poor present
> A revisionist of lost days.
> Et « The point of Aries » :
> I realize I am in

The wrong hemisphere, and maybe
Also the wrong century

R. Gustafson verra dans *Holes in Space*, un ouvrage de maturité et de noir lyrisme, de pleine lucidité et de conscience avertie, presque fataliste, qui porte une sagesse tragique ; il y relève notamment :

The colours of the automn hill
Seem more important than
Decisions for tomorrow,
An the preservation of the rose
To the deadly fate of man.

Comme les poètes désillusionnés, Ford estime qu'il n'y a rien d'autre à faire qu'à aimer le monde, comme le suggère « *The Message is Blurred* » :

And the message I get is Blurred
Except for the cypher of your smile.

Mais il a brisé le code, constate Gustavson, alors il lui reste le consentement : à consentir en effet à ce monde – « *Affirmation Is in Triumph* » – pour trouver l'apaisement :

And so, with fingers crossed,
I put aside my gloom,
Grasp the happy dawn,
And quietly disengage (p. 9).

Dostoïevski and Other Poems conjugue en six parties « Le royaume de Commagène » – du Nord de la Syrie – où le voyageur ami, « père du souvenir » selon Alfred de Musset cité en exergue, précède « Palmyre » et le peintre « Mondrian ». Puis un « Cycle Dostoïevski », qu'introduit un « Hommage à Fyodor Mihailovitch » – illustré par Ernst Neizvestny pour *Crime et châtiment*[5].

Le poème commence par « La maladie de génie » et évoque « Le prince Myshkin » : « *I have a holy fool inside* ».

Et il désigne le double secret de « *Courage* » :

He refused to accept defeat.
The secret is to choose the ultimate
Proposition, with the right
Words of benediction.

---

[5] Le dessinateur est l'auteur d'une sculpture abstraite sur le monument funéraire de Krouchtchev au monastère de Novidevichi.

Le thème « *Terrorists* » revient, introduit en exergue par le nihilisme de Saint-Just : « Je méprise cette poussière qui me compose et qui vous parle » :

… The supreme egotism
Governing the invented
Actor on a supposed stage
Existing only in their vision
Of history.

Puis « *Underground* » – annoncé par Ivan Karamazov :
« Je confesse en toute humilité que je suis vraiment en peine de comprendre pourquoi les choses sont ce qu'elles sont ». Mais en réalité,

What lies underground is
Of no import. Provided
You let the prisoner out.

Tous ces thèmes suggèrent le croisement de sentiments intimes et du retentissement chez Ford, de son expérience de la culture russe, et l'évocation de la nature canadienne, présente en toile de fond, comme dans « *La blessure et l'arc* ».

Enfin « *Pozzi* », inauguré par « *A Note on Catherine Pozzi* »[6], écrivaine que Ford admire, suivi de poèmes d'hommages.

Doors, Words and Silence (1985) regroupe cinq parties : *Words* ; *Norths* ; *Doors* ; *South* ; *Silence*.

L'inspiration thématique rassemble des évocations de Poe, des réflexions sur le langage, le test psychologique de Rorschach, les saisons et la nature, la nuit, le Brésil, le désert de Gobi, Murcie et l'Espagne, la violence et le silence, Rimbaud de *Soleil et chair* dans une évocation du doute en exergue à *Acedia*, de « la logique de Bach » (*Words in the Sand*).

Il excelle dans la concision, cet art du diplomate tant ignoré dans notre monde bavard, avec « *Litotes* » :

No sad thing
To see your smile
I have you love
I guard it well
Awaiting still
Your final call.

---

[6] Catherine Pozzi (1882-1934), fille d'un professeur de médecine, épouse du dramaturge Édouard Bourdet, fut liée à Paul Valéry. Femme de lettres d'une grande culture, esprit pénétrant, auteur d'un *Journal* publié en partie et d'un texte inédit de nature philosophique, *Peau d'Âme*.

Et aussi « *The Spare Word* » :
> The spare word is the sword
> That guards better than silence.
> Meditation soon becomes nostalgia
> And mutism the refuge of the absurd
> A little sound, a false poem even,
> Has its place in the defence of man.
> And if that sound contains
> A word of love (p. 19).

Le thème de l'inédit, du chemin jamais emprunté, cache celui du donné vierge de la création que découvre le « *Pionnier* ». Ford cite en exergue l'expression du Psaume 71 : « Le règne, la puissance et la gloire [...] in *manu ejus* ».

> Into a strange land,
> With fever in the soul,
> A kingdom in my hand.
>
> The silence is the key,
> No word is there for death,
> Step fearful through the grass,
> And find there is no path (p. 37).

Il désigne dans « *A Poem in the Night* » (p. 39) la fonction du poète, veilleur de nuit, capteur de sons, qui évoquerait *Silence* de John Cage, révélateur de sens (p. 37) et guetteur de ce qui vient :

> The poet is made to find
> All the surprising voices
> Of chance. He wakes in the night
> Astounded at the noises.
> Silences has created. He senses
> A door opening on a maze
> Of words, a mobile of verbs
> And coloured vowels, swaying
> Gently at a breath of meaning.
>
> In the morning nothing is left
> But a wisp of thought,
> A decorated stanza stilled.It should make as little
> It should make as little
> Sound as silence (p. 39).

Ford traduisit en anglais et publia une anthologie des poètes russes : *Russian Poetry : A Personal Anthology*, notamment Pasternak, Esenin et Akmadulina. Ralph Gustavson estime que sa traduction des œuvres de

Pasternak, bien supérieure à celles des éditions occidentales usuelles, est elle-même de la vraie poésie : « *good English poems* ». Il traduit aussi des poètes français, ainsi d'Apollinaire : « *Les Fiançailles* », dédié à Picasso (in *Holes in space*, p. 53).

Comme le développe Gustavson dans une remarquable apologie pour la place du poète au cœur des affaires, Ford le poète diplomate s'est trouvé en poste dans des épicentres des tremblements de terre métaphoriques, en Amérique du Sud, en Europe de l'Est, au Moyen-Orient, à Moscou, aux centres troublés des affaires humaines (Préface, p. 11). Il y fut informé non seulement par l'expérience politique, diplomatique mais par l'expérience proprement humaine – c'est-à-dire par des vérités de cœur qui nous maintiennent dans l'être « *The truth of the heart by which we are live* », qui nous font vivre. Ces vérités trouvent une expression dans la poésie. Il en donne une interprétation unique qui ne se trouve pas dans ses dépêches, mais qui fait vivre tous les humains – car « *truth is best served by poetry* », la vérité est donnée par la poésie. Un poème qui ment est un mauvais poème, tandis que, dit R. Guftason qui se réfère à Shelley, la poésie rafraîchit le cœur. Or le monde n'écoute pas ceux qui parlent vrai (*truth tellers*) – sinon un siècle trop tard. Ainsi la situation du diplomate poète ou le paradoxe de trouver un poète au centre des affaires, au ministère, étonne : comment les affaires humaines peuvent-elles y être traitées, sinon selon des considérations humaines ? La position d'un poète ambassadeur serait contradictoire s'il devait endosser la duplicité des gouvernements et s'il ne pouvait écrire en vérité.

L'œuvre poétique de Robert Ford a été reconnue officiellement et par la critique : *A Window on the North* (1956) reçut le Prix du Gouverneur général la même année. Sa poésie a été qualifiée de « *lucid and sober* » ; on a goûté la sensibilité et l'intelligence de l'inspiration et la limpidité de l'expression de ses poèmes sans rhétorique inutile[7]. Elle est présentée dans les anthologies[8].

---

[7] Peter Stevens a publié une recension élogieuse de *Holes in space* (*Canadian Literature*, n° 88, spring 1981). Ann Munton a présenté « R.A.D. Ford : Poet and diplomat », *Canadian Literature*, n° 120, Spring 1989. La même revue a publié *Truce* et *The Coast of childhood* (n° 97, Summer 1983). Également Marya Fiamengo, *Canadian Literature*, n° 112, Spring 1987.

[8] Notamment *The new Oxford book of Canadian verse* (1982) ; Antonio D'Alfonso : *Dix poètes anglophones du Québec*.

Bibliographie

Ouvrages généraux

ENGLISH John, *The Worldly Years. The Life of Lester Pearson*, vol. II, Alfred A. Knopf, Toronto, 1992.

GRANATSTEIN J.-L., *A Man of Influence. Norman A. Robertson and Canadian Statecraft, 1929-1968*, Deneau Publishers, Ottawa, 1982.

The Ottawa Men. The Civil Service Mandarins 1935-1957, Oxford University Press, Toronto, 1982.

HILLIKER John, *Le Ministère des Affaires extérieures du Canada*, vol. I : *Les années de formation, 1909-1946*, PUL-IAP, Québec, 1990.

HILLIKER John, BARRY Donald, *Le Ministère des Affaires extérieures du Canada*, vol. II : *L'essor, 1946-1968*, PUL-IAP, Québec, 1995.

JACOMY-MILLETTE, Anne-Marie, *L'Introduction et l'application des traités internationaux au Canada*, Préface de Charles Rousseau, LGDJ, Paris, 1971.

LEGAULT A., FORTMANN M., *Une diplomatie de l'espoir. Le Canada et le désarmement 1945-1988*, PUL, Québec, 1989.

MACKENZIE Hector, « Recruiting Tomorrow's Ambassadors : Examination and Selection for the Foreign Service of Canada, 1925-1997 », *in* Wolfe Robert, ed., *Diplomatic Missions : The Ambassador in Canadian Foreign Policy*, Queens university, Kingston, Ontario, 1988, p. 97-122.

SANGER Clyde, *Les Canadiens et les Nations Unies*, Ministère des Affaires extérieures, Ottawa, 1988.

Principaux ouvrages des diplomates écrivains

I. Philippe Panneton-Ringuet

Trente arpents, 1938. Réed. par Variétés, Montréal, 1943, puis Fides, 1957, 1964, 1969. Éd. critique par Jean Panneton avec la collaboration de Roméo Arbour et Jean-Louis Major, Université d'Ottawa, Bibliothèque du Nouveau Monde, Les Presses de l'Université de Montréal, 1991, 520 p.

Confidences, Fides, Montréal, 1965.

L'Héritage et autres contes, éd. Variétés, Montréal 1946, Note liminaire de Jean Panneton, Fides, Montréal, 1971.

Journal de Ringuet, éd. de Francis Parmentier et Jean Panneton, Guérin, Montréal et Paris, 1998.

Le Carnet du cynique, éd. de Francis Parmentier et Jean Panneton, Guérin, Montréal, 1998.

Jean Panneton, *Ringuet. Introduction à l'œuvre de Ringuet*, Fides, Ottawa, 1970.

Jean Panneton, *Le choix de Jean Panneton dans l'œuvre de Ringuet*, Les Presses Laurentiennes, Québec, 1986.

Michel Arseneault, « Les Carnets de l'ambassadeur », *La Presse*, Montréal, 4 avril 2004.

II. Dana Wilgress

Memoirs, Toronto Ryerson Press, 1967, 190 p.

« The Trade of South China », *Weekly Bulletin of the Department of Trade and Commerce of Canada*, Oct. 1918 – Jan. 1919.

« Coopération dans la recherche scientifique et technique », OECE, Paris, 1960, 53 p.

« The Impact of European Integration on Canada », *Canadian Trade Committee*, 46 p.

« Canada's Approach to Trade Negotiation », *Canadian Trade Committee*, Mai 1963, 68 p.

Articles inédits et textes de conférences : Archives nationales du Canada, Ottawa, MG31-E9.

III. Jean Bruchési

Jours éteints, Librairie d'Action canadienne-française, Montréal, 1929.

Canada, Réalités d'hier et d'aujourd'hui, Préface d'Étienne Gilson, de l'Académie française, Beauchemin, Montréal, 1948, 1954, 1958, 350 p.

Voyages... Mirages..., Beauchemin, Montréal, 1957.

Témoignages d'hier. Essais, Fides, Montréal, 1961.

Souvenirs à vaincre, Hurtubise, Montréal, 1974.

Souvenirs d'ambassade. Mémoires 1959-1972, Fides, Montréal, 1976.

IV. Marcel Cadieux

Le Ministère des Affaires extérieures. Conseils aux étudiants qui se destinent à la carrière, Les éditions Variétés, Montréal, 1950.

Premières armes, Le Cercle du Livre de France, Ottawa, 1951.

Embruns, Le Cercle du Livre de France, Ottawa, 1951.

Le diplomate canadien. Éléments d'une définition, Fides, Paris, Montréal, 1962.

« The Canadian foreign Service », Boston, March 14, 1972. « The Commonwealth », Seattle, Sept. 20, 1973. « A Powerful and considerable community », Princeton, May 25, 1971. « Canada and the European communities », *Canadian Commerce*, March 1976. « Le Canada et l'Europe : un accord rempli de promesses », *Perspectives internationales*, nov.-déc. 1976.

« Framework agreement is the key to closer relations », *International Perspectives*, nov.-déc. 1976.

V. Robert Choquette

À travers les vents, éd. Édouard Garand, Montréal, 1925, 1926.

La pension Leblanc, illustration de Paul Lemieux, éd. du Mercure, Montréal, 1927.

Metropolitan Museum, Herald Press, Montréal, 1931, Préface de André Maurois, Grasset, Paris, 1963.

Poésies nouvelles, A. Levesque, Montréal, 1933.

Le Curé de village. Scène de vie canadienne, Libraire Granger, Montréal, 1936.

Les Velder, éd. Bernard Valiquette, Montréal / Brentano's, New York, Préface par André Maurois, 1941.

La personnalité du Canadien, Conseil du centenaire de la Fédération, Ottawa, 1948.

Élise Velder, Fides, Montréal, 1958.

Suite Marine, éd. Paul Péladeau, Montréal, 1953.

Œuvres poétiques I et II. Coll. du Nénuphar, Fides, Montréal, 1956, rééd.1967.

Moi, Petrouchka : Souvenirs d'une chatte de vingt-deux ans, Stanké, Montréal, 1980.

Le choix de Robert Choquette dans l'œuvre de Robert Choquette, Les Presses Laurentiennes, Québec, 1981.

Le Sorcier d'Anticosti et autres légendes canadiennes (1975), Présentation par Aurélien Boivin, Bibliothèque québécoise, Montréal, 2003.

VI. Charles Ritchie

The Siren years. A Canadian Diplomatic Abroad. Undiplomatic Diaries, 1937-1945, Macmillan, Toronto, 1974, 1987, 216 p.

An Appetite for Life. The Education of a Young Diarist 1924-1927, Macmillan, Toronto, 1977, 173 p.

Diplomatic Passport : More Undiplomatic Diaries, 1946-1962, Macmillan, Toronto, 1981, 200 p.

Storms Signals : More Undiplomatic Diaries, 1962-1971, Macmillan, Toronto, 1983, 175 p.

My Grandfather's House : Scenes of Childhood and Youth, Macmillan, Toronto, 1987.

VII. Douglas Valentine LePan

The Wounded Prince, and Other Poems, Chatto et Windus, London, 1948, Oxford University Press, Toronto, 1948.

The Net and the Sword, poems, Clark Irwin, Toronto, 1953, Prix du Gouverneur général.

The Deserter (1964), Mc Clelland & Stewart, Toronto, 1973.

Bright Glass of Memory : A Set of Four Memoirs, Mc Graw-Hill Ryerson, Toronto, 1979, 245 p.

Something Still to Find, Poems, Mc Clelland & Stewart, Toronto, 1982.

Weathering it : Complete Poems, 1948-1987, Mc Clelland & Stewart, Toronto, 1987.

Far Voyages, poems, Mc Clelland & Stewart, Toronto, 1990.

Macalister, or Dying in the Dark, poems, Quarry Press, Kingston, 1995.

Archives nationales du Canada, Ottawa, Fonds MG31-E6.

VIII. Robert Arthur Douglass Ford

A Window on the North, Ryerson Press, Toronto, 1956.

The Solitary City, Mc Clelland & Stewart, Toronto, 1969.

Holes in Space, Hounslow Press, Toronto, 1979.

Needle in the Eye. Poems New and Old, Mosaic Press, Oakville, 1983.

Russian Poetry : A personal Anthology, Mosaic Press, Oakville, 1984.

Doors, Words and Silence, Mosaic Press, Oakville, 1985.

Dostoïevsky and Other Poems, Mosaic Press, Oakville, 1984, 1988.

Our Man in Moscow : A Diplomat's Reflections on the Soviet Union, Toronto University Press, Toronto, 1989.

Coming from afar. Selected Poems 1940-1989, McClelland, Toronto, 1990.

Diplomate et poète à Moscou. Réflexions d'un diplomate sur l'Union soviétique, Éd. François-Luc Collignon – Sides, Paris, 1990, 338 p.

A Moscow Literary Memoir : Among the Great Artists of Russia from 1946 to 1980, University of Toronto Press, 1995.

Archives nationales du Canada, Ottawa, Fonds MG31-E73.

Dans la collection « Études canadiennes »

N° 12 – Jean-François DE RAYMOND, *Diplomates écrivains du Canada. Des voix nouvelles*, 2007, 164 p., ISBN 978-90-5201-346-6

N° 11 – Claire OMHOVÈRE, *Sensing Space. The Poetics of Geography in Contemporary English-Canadian Writing*, à paraître, ISBN 978-90-5201-053-3

N° 10 – Caroline ZÉAU, *L'Office national du film et le cinéma canadien*, 2006, 463 p., ISBN 978-90-5201-338-1

N° 9 – Serge JAUMAIN et Paul-André LINTEAU (dir.), *Vivre en ville. Bruxelles et Montréal aux XIXe et XXe siècles*, 2006, 375 p., ISBN 978-90-5201-334-3

N° 8 – Madeleine FRÉDÉRIC et Serge JAUMAIN (dir.), *Regards croisés sur l'histoire et la littérature acadiennes*, 2006, 195 p., ISBN 978-90-5201-333-6

N° 7 – Zilá Pierre ANCTIL & Zilá BERND (eds./dir.), *Canada from the Outside In / Le Canada vu d'ailleurs*, 2006, 294 p., ISBN 978-90-5201-041-0

N° 6 – José GOTOVITCH et Anne MORELLI (dir.), *Contester dans un pays prospère. L'extrême gauche en Belgique et au Canada* (titre provisoire), à paraître, ISBN 978-90-5201-309-1

N° 5 – Britta OLINDER (ed.), *Literary Environments. Canada and the Old World*, 2006, 246 p., ISBN 978-90-5201-296-4

N° 4 – Madeleine FRÉDÉRIC, *Polyptyque québécois. Découvrir le roman contemporain (1945-2001)*, 2005, 176 p., ISBN 978-90-5201-096-0

N° 3 – André MAGORD (dir.), *Adaptation et innovation. Expériences acadiennes contemporaines*, 2006, 274 p., ISBN 978-90-5201-072-4

N° 2 – Robert C. THOMSEN and Nanette L. HALE (eds.), *Canadian Environments. Essays in Culture, Politics and History*, 2005, 316 p., ISBN 978-90-5201-295-7

N° 1 – Serge JAUMAIN & Éric REMACLE (dir.), *Mémoire de guerre et construction de la paix. Mentalités et choix politiques. Belgique – Europe – Canada*, 2006, 316 p., ISBN 978-90-5201-266-7

Consultez notre site Internet

www.peterlang.com

Nous nous réjouissons de votre visite !